PUBLIKATIONEN DER
EUGEN-GUTMANN-GESELLSCHAFT
BAND 7

Tresor des Bankhauses Warschauer & Co.
in geöffnetem Zustand; hergestellt von S. J. Arnheim,
Berlin, um 1900 (HAC Sammlungsbestand).

Die Garage des Zühlener Pfarrers

Beiträge zu Geschichte und Struktur der Dresdner Bank-Überlieferung im Historischen Archiv der Commerzbank

Herausgegeben von Michael Jurk und Katrin Lege

Eugen-Gutmann-Gesellschaft
Dresden 2014

Inhalt

Vorwort

Im Anfang war das Fest

Manfred Schaudwet

125 Jahre Dresdner Bank, die galt es zu feiern. Und das tat die Bank ausgiebig am 9. Juni 1997 im Park des Schlosses Pillnitz in ihrer Geburtsstadt Dresden mit Mitarbeiterinnen und Mitarbeitern sowie mit zahlreichen Gästen aus Wirtschaft und Politik. Große Reden gehörten dazu. Bundeskanzler Helmut Kohl, der Aufsichtsratsvorsitzende der Bank, Wolfgang Röller, und ihr Vorstandssprecher, Jürgen Sarrazin würdigten die Bank und ihre Geschichte aus verschiedenen Blickwinkeln. Die NS-Zeit kam dabei nur andeutungsweise oder gar nicht vor. Dies charakterisierten verschiedene Medien als inakzeptablen Mangel. So schrieb etwa die Londoner Times am 9. Juni 1997: „Dresdner's party sparks outcry over Nazi past" (Fest der Dresdner löst Aufschrei zu deren Nazi-Vergangenheit aus). Im TV-Programm der ARD lief am 27. Juli 1997 ein Film mit dem Titel „Das braune Band der Sympathie"; darin hieß es u.a.: „Eine Bank feiert Geburtstag ... Seit 125 Jahren gibt es die Dresdner Bank. Ein guter Name ... Doch 12 Jahre der Geschichte des Bankhauses blieben bei allen Festrednern ausgeblendet".[1] Die Bank war überrascht, glaubte sie doch, schon fünf Jahre zuvor, 1992, mit der Veröffentlichung des Buches „120 Jahre Dresdner Bank – Unternehmenschronik 1872 bis 1992" auf diesem Gebiet das Ihre getan zu haben. Der Verfasser des Werkes, der frühere Chefvolkswirt der Bank, Hans G. Meyen, hatte die 12 Jahre in einem ausführlichen Kapitel behandelt.[2] Aber das war offenbar nicht genug; der Autor war nicht unabhängig von der Dresdner Bank, eine auch bei anderen Unternehmensgeschichten zur damaligen Zeit durchaus nicht unübliche Praxis. Deshalb begann man mit der Suche nach externen Persönlichkeiten und Institutionen, um die Geschichte der Bank, speziell in der Nazizeit, kompetent aufarbeiten und darstellen zu können. Die Wahl fiel schließlich auf das Hannah-Arendt-Institut für Totalitarismusforschung e.V. (HAIT) an der TU Dresden, das der Zeithistoriker Klaus-Dietmar Henke leitete. In November 1997 war

der Vertrag perfekt. Er beschrieb als Ziel des Forschungsprojekts „ die Erarbeitung einer zeithistorischen Studie über die Geschichte der früheren Dresdner Bank während der Zeit des Nationalsozialismus unter Berücksichtigung der Jahre auch vor 1933 und der Nachkriegszeit bis zur sogenannten Großbankengesetzgebung."[3] Das HAIT bildete für das Projekt einen Beirat aus international renommierten Historikern (Christoph Buchheim, Gerald Feldman, Saul Friedländer, Harold James, Hans Mommsen, Alice Teichova), der die Arbeit des HAIT an dem Projekt überwachte.

Die Historiker erhielten freien Zugang zu sämtlichen einschlägigen Materialien der Bank, hauptsächlich Akten. Deren weitaus größter Teil befand sich in Berlin-Kreuzberg in einem ehemaligen Fabrikgebäude der Firma „Sarotti", im so genannten Altbankarchiv. Er bestand vor allem aus Unterlagen der Zeit vor 1948 im Umfang von ca. sieben Regalkilometern. Etwa ein Regalkilometer Akten lagerte in der Zentrale in Frankfurt am Main, und weitere vier Regalkilometer entfielen auf die Niederlassungen der Bank im gesamten Bundesgebiet. Unter den Frankfurter Großbanken (neben Commerzbank und Deutsche Bank) besaß die Dresdner Bank die mit weitem Abstand umfangreichste Materialmenge aus der so genannten Reichsmarkzeit – eine wahre Goldgrube für die Forscher. Allerdings war es für die Wissenschaftler ungemein schwierig und zeitaufwendig, dieses an so vielen Stellen der Bank gelagerte und nicht für die historische Forschung geordnete Material sachgerecht zu nutzen. Der Fachbeirat regte deshalb im April 1998 an, ein von einem Historiker betreutes, professionell aufgebautes modernes Unternehmensarchiv (Historisches Archiv) einzurichten.[4] Die Bank griff dies nach reiflicher Überlegung auf. Im November 1998 schaltete sie in Zeitungen und Fachzeitschriften eine entsprechende Stellenanzeige. Etwa hundert Interessenten meldeten sich, zehn wurden zu einem persönlichen Gespräch nach Frankfurt eingeladen. Einer davon erschien für das Vorhaben besonders geeignet, weil er eine ähnliche Aufgabe mit dem Aufbau eines Unternehmensarchivs für die Axel Springer Verlag AG und des Privatarchivs des Verlegers Axel Springer bereits bewältigt hatte. Am 1. September 1999 startete Michael Jurk bei der Dresdner Bank.

Anmerkungen

1 Zitiert nach dem Sendemanuskript in: HAC-500/121268.
2 „Die Zeit des Nationalsozialismus: 1933–1945“, in: Hans G. Meyen, 120 Jahre Dresdner Bank. Unternehmenschronik 1872 bis 1992, Frankfurt/Main 1992, S. 102-133.
3 Vertrag des HAIT mit der Dresdner Bank v. 17.11.1997, in: HAC-500/121291.
4 Brief des Projektbeirats an den Vorstandssprecher Bernhard Walter v. 30.4.1998, in: HAC-500/121346.

Unternehmensdossier des volkswirtschaftlichen Archivs.
Die Akte trägt Besitzstempel und Signatur des Deutschen Zentralarchivs in Potsdam, in dessen Besitz sich der Aktenbestand seit Anfang der 1950er Jahre befand.

Von Archiven und Pseudoarchiven

Michael Jurk

I

Johann Heinrich Stobwasser, seit 1917 Pastor der kleinen, gut 80 Kilometer nördlich Berlins gelegenen Landgemeinde Zühlen[1], war ein ebenso unerschrockener wie zupackender Vertreter der evangelischen Kirche.[2]

Der Brief, der ihn am 19. April 1949 erreichte, versetzte ihn aber dann doch in einiges Erstaunen. Der Rat des Kreises Neuruppin wies in diesem Schreiben darauf hin, dass man erfahren habe, er beabsichtige 200 Zentner Altpapier abtransportieren zu lassen und machte darauf aufmerksam, „dass sämtliche Materialien aus Altpapier, zuletzt im Februar 1949 gemeldet werden mussten und die Unterlassung dieser Meldung als Warenhortung angesehen werden" müsse.[3]

Angesichts des drohenden Untertons beeilte sich Stobwasser der amtlichen Stelle mitzuteilen, dass die Dresdner Bank „vor 1945 hier eine Ausweichstelle hatte" und als der dazu genutzte Saal geräumt werden musste, er einen u.a. auch als Garage genutzten Stall seines Pfarrhauses zur Verfügung gestellt habe. Ergänzend machte er darauf aufmerksam, dass er kein Verfügungsrecht über die Unterlagen habe und er im Übrigen nicht wisse, ob es sich dabei um Altpapier oder um aufzubewahrende Akten handele.[4]

Ganz so ahnungslos war der im Umgang mit obrigkeitlichen Stellen geübte Geistliche allerdings nicht, verhandelte er doch schon seit längerer Zeit mit Vertretern der Dresdner Bank wegen eines Abtransportes der bei ihm seit vier Jahren zwischengelagerten Dokumente.

Bei dem vermeintlichen „Altpapier" handelte es sich um das Hauptarchiv der Volkswirtschaftlichen Abteilung, das 1943 etwa 36.000 Dossiers mit Informationen über deutsche und internationale Unternehmen sowie Geschäftsberichte, Kurszettel und Sammlungen volkswirtschaftlich relevanter Zeitungen und Zeitschriften umfasste.[5]

Nebengebäude des Pfarrhauses der evangelischen Gemeinde Zühlen, das u.a. als Garage und Stall genutzt wurde; Zustand im Jahre 2012 (Foto: Dieter Linhardt).

Die Büroräume der Volkswirtschaftlichen Abteilung und des Archivs hatten sich bis zu diesem Zeitpunkt in der Zentrale der Dresdner Bank in der Berliner Behrenstraße[6] sowie in einigen Nachbargebäuden befunden.

Angesichts der zunehmenden Bombenangriffe auf die Reichshauptstadt, die im November 1943 und Januar 1944 auch am Hauptgebäude der Dresdner Bank schwere Schäden anrichteten, entschloss man sich Anfang 1944, die Unterlagen des Hauptarchivs in der Umgebung Berlins in Sicherheit zu bringen.[7]

Warum die Wahl dabei auf das nahe Rheinsberg gelegene Zühlen fiel, ist den Akten nicht zu entnehmen. Bedingung bei der Entscheidung war aber sicherlich, dass die Gemeinde einerseits verkehrstechnisch hinreichend gut erreicht werden konnte, andererseits aber strategisch so unbedeutend war, dass Luftangriffe eher unwahrscheinlich erschienen.[8]

Für die Unterbringung des Schriftguts hatte man die Tanzsäle der Zühlener Gastwirtschaften von Hermann Falkenberg und Otto Langhans ausfindig gemacht und so traf man nach der Befürwortung der Verlagerung durch die Wirtschaftsgruppe Privates Bankgewerbe und der Genehmigung durch den Oberpräsidenten der Provinz Mark Brandenburg die notwendigen Umzugsvorbereitungen.

Mit der Durchführung des Umzugs und der Leitung der neu einzurichtenden Aussenstelle wurde der seit 1942 für die volkswirtschaftliche Abteilung tätige Richard Lottermoser ernannt, der ab dem 7. Juli 1944 zusammen mit fünf Mitarbeiterinnen und Mitarbeitern sowie einer Köchin nach Zühlen übersiedelte.[9]

Mit auf die Reise gingen neben den Unterlagen und dem zugehörigen Register umfangreiche für den Aufenthalt notwendige Einrichtungsgegenstände wie Schränke, Schreibmaschinen, transportable Öfen, ein Kochherd, zwei Fahrräder etc. Dass die vorgesehenen Räumlichkeiten für die Unterbringung von Mensch und Papier nur bedingt geeignet waren, zeigt die Mitnahme von zwei Rollen Dachpappe zur Reparatur der Dächer, Material zur Abdichtung der Fenster sowie Läufer und Teppichstücke, da sich die ebenerdig gelegenen Arbeitsplätze als „äußerst fußkalt" herausstellten.[10]

Trotz dieser schwierigen äußeren Umstände vor Ort, die durch die Beschlagnahme von Wohnraum für Evakuierte zusätzlich verschärft wurden, scheint in den folgenden Monaten des Krieges ein regelmäßiger Geschäftskontakt zwischen Berliner Zentrale und Zühlener Außenstelle bestanden zu haben.[11]

Im Frühjahr 1945 begann die Personaldecke jedoch so knapp zu werden, dass Kurierfahrten kaum noch möglich waren und das Archiv in seiner Funktionsfähigkeit gefährdet schien.[12]

Büroleiter Lottermoser sah sich schließlich genötigt darauf hinzuweisen, dass es sich um das zur Zeit „einzige noch vollständige Großbankarchiv" handele und dass „ein auch nur kurzfristiges Aussetzen der Archivarbeit (...) eine nie mehr zu schließende Lücke hervorrufen (würde)."[13] In Berlin aber hatte man so kurz vor Kriegsende bereits ganz andere Probleme und überließ die Außenstelle ihrem Schicksal.

Am 29. Mai 1945, wenige Stunden vor dem Einmarsch der russischen Truppen, verließ Lottermoser zusammen mit seiner letzten verbliebenen Mitarbeiterin Zühlen. Dabei ging auf der Flucht in Richtung Hamburg neben den wenigen persönlichen Gegenständen auch das Register des Hauptarchivs verloren.[14]

Ein drei Monate später angefertigter Bericht über den Verbleib des Zühlener Archivs überliefert die weitere Entwicklung:[15]

So sei der Saal des Gasthofes Falkenberg auf Anweisung des russischen Divisionsstabes binnen zweier Stunden geräumt, das bis dahin völlig unbeschädigte Aktenmaterial zur Vernichtung vor das Haus geworfen worden. Nur dem Eingreifen des Bürgermeisters Kanow sowie des Pfarrers Stobwasser sei es zu verdanken gewesen, dass die Unterlagen nicht verloren gegangen seien; man habe sie mit Unterstützung der Bevölkerung übergangsweise in der Garage des Pfarrers deponiert.

Der Bericht empfiehlt abschließend die Akten möglichst schnell nach Berlin zurückzuholen und sie dort in einer Depositenkasse zwischenzulagern, „denn man kann die Verantwortung nicht fremden Personen übertragen."[16]

Die Verhältnisse in der sowjetischen Besatzungszone waren für schnelle Lösungen allerdings wenig geeignet, so dass sich Pfarrer Stobwasser im Oktober 1948 zu deutlichen Worten genötigt sah: „Seit 3 Jahren lagern in einem meiner Ställe die Akten der Dresdner Bank. Ich hatte angenommen, dass sie einmal abgeholt würden. Da im Pfarrhaus mehrere Flüchtlingsfamilien wohnen, wird der Raum dringend benötigt. Ich bitte sehr darum, dass die Akten in nächster Zeit abgeholt werden."[17]

Besänftigt durch fortlaufende Mietzahlungen und die Versicherung, die Bank werde sich mit Nachdruck um entsprechende Transportgenehmigungen kümmern, schien man sich im Zühlener Pfarrhaus an die eingelagerten Akten allmählich zu gewöhnen.[18]

Der Vorwurf, Altpapier zu horten, rief nun jedoch weitere staatliche Stellen auf den Plan. Am 4. Mai 1950 versiegelten Vertreter vom Wirtschaftsamt des Landratsamtes Neuruppin das Stallgebäude und erklärten seinen Inhalt für beschlagnahmt.[19]

Trotz intensiver Bemühungen konnte nicht verhindert werden, dass die Unterlagen sechs Wochen später mit unbekanntem Ziel abtransportiert wurden und damit für die nächsten Jahrzehnte aus dem Gesichtskreis der Dresdner Bank verschwanden.[20]

Erst Anfang der 1980er Jahre teilte das Deutsche Zentralarchiv der DDR in Potsdam auf Anfrage der Bank mit, dass es sich bei dem unter der Signatur „80 Ba 1 Dresdner Bank 1872–1945" geführten Aktenbestand „um das Firmenarchiv der Bank, d.h. um eine umfangreiche Sammlung von veröffentlichten Informationen über die Firmen (handele), an denen die Bank als ihren Kunden oder in allgemeineren Zusammenhängen Interesse hatte."[21]

Nach der Wiedervereinigung erklärte sich das nunmehr für die Bestände des ehemaligen Deutschen Zentralarchivs zuständige Bundesarchiv bereit, der Dresdner Bank die gut 200 laufenden Meter Akten des volkswirtschaftlichen Archivs inklusive des 15 Karteikästen umfassenden Registers zu überlassen.[22]

Angesichts akuten Platzmangels verzichtete das Bundesarchiv nach längeren Verhandlungen auf alle Auflagen und hätte letztlich auch einer Reduzierung auf aus Banksicht relevante Teile zugestimmt, was einer weitgehenden Vernichtung des Gesamtbestandes gleich gekommen wäre. Zu dieser von der Geschäftsleitung der Dresdner Bank favorisierten Teilkassation ist es letztlich jedoch nicht gekommen[23], so dass die Unterlagen heute zum Bestand 500 (Dresdner Bank) des Historischen Archivs der Commerzbank gehören.

II

Klietz an der Elbe, 100 Kilometer westlich von Berlin, im Frühjahr 1946. Deutsche Demontagearbeiter räumen im Auftrag des russischen Oberstleutnants Grigorjeff die Anlagen eines Werkes der Deutschen Sprengchemie GmbH. Bis unmittelbar vor dem Einmarsch polnischer und sowjetischer Truppen im Mai 1945 hatte die Tochter der Westfälisch-Anhaltischen Sprengstoff-Actien-Gesellschaft (WASAG) hier ab 1937 unter dem Einsatz zahlreicher Zwangsarbeiter Pulver und Granatfüllungen produziert.[24]

Postkartenansicht von Klietz an der Elbe, Ende der 1930er Jahre.
Das Firmengelände der WASAG befand sich im Bildhintergrund; links am Rand sind die Schornsteine des zugehörigen Kraftwerkes zu erkennen.

Bei der Öffnung einer der zahlreichen Tiefbunker stoßen die Arbeiter auf eine große Menge Unterlagen, die offenbar in keinerlei Verbindung zur der Sprengstofffabrik stehen. Die verantwortlichen Offiziere vor Ort sind Freunde schneller Entscheidungen. Sie lassen das vermeintliche Altpapier zu einem großen Haufen zusammen tragen und anzünden.[25]

So verbrennt unter dem märkischen Himmel die zentrale Aktenüberlieferung der Dresdner Bank. Darunter die Unterlagen sämtlicher Generalversammlungen der Bank seit ihrer Gründung im Jahre 1872, die Protokolle von Vorstand und Aufsichtsrat, die entsprechenden Dokumente der Darmstädter Bank für Handel und Industrie[26] sowie weitere wichtige Urkunden und Vertragsunterlagen; insgesamt fast 70.000 Blatt Papier.[27]

Im März 1945 waren diese wichtigsten Teile der vom Direktions-Kabinett der Berliner Zentrale verwahrten Unterlagen nach Klietz ausgelagert worden, um sie so vor der näher rückenden Front und den verheerenden Luftangriffen in Sicherheit zu bringen.[28]

Vorausschauend hatte man aber auch für den Fall eines Verlustes der Originaldokumente Vorsorge getroffen.

Auf ein Schreiben, in dem die Organisations-Abteilung auf die Notwendigkeit von Maßnahmen zur Sicherung wichtiger Dokumente vor Verlusten durch Fliegerschäden hingewiesen hatte, antwortete das Direktions-Kabinett, dass nicht nur „sämtliche Protokolle der Aufsichtsrats- und Vorstandssitzungen in den Vorraum zum Tresor verbracht" worden seien, sondern dass man darüber hinaus „alle Protokolle (…) laufend fotografiert" und die entsprechenden Negativfilme im Tresor der Dresdner Filiale untergebracht habe.[29]

In der Tat hatte man bereits seit Anfang 1941 die Unterlagen von der Berliner Photokopie Gesellschaft GmbH verfilmen lassen und im Mai die ersten Mikrofilmrollen im Dresdner Stammhaus der Bank in der König-Johann-Straße deponiert.[30]

In diese für die damalige Zeit durchaus ungewöhnliche Maßnahme wurden nicht nur die Unterlagen der Dresdner Bank, sondern auch diejenigen der 1932 übernommen Darmstädter und Nationalbank (Danatbank) einbezogen.[31]

Zusammen mit der letzten Lieferung vom 13. April 1945 entstanden auf diese Weise 639 Filmrollen mit knapp 70.000 Aufnahmen.[32]

Bis 1942 galt Dresden und der dortige juristische Hauptsitz der Bank wegen des weiten Anflugweges als relativ sicher vor alliierten Luftangriffen. Anfang März 1943 waren jedoch erste Bomberverbände in den Raum Leipzig vorgedrungen, so dass man sich entschloss, den Aufbewahrungsort zu verlegen. Vier Monate später deponierte ein Prokurist des Berliner Direktions-Kabinetts die Filmrollen in sechs Tresorfächern der Filiale Zittau und hinterlegte die zugehörigen Schlüssel bei der örtlichen Reichsbankstelle.[33]

Mitte Februar 1945 gingen die Mikrofilme „angesichts der militärischen Lage“ erneut auf Wanderschaft. Um der näher rückenden russischen Front auszuweichen, schickte man das Material nun in westlicher Richtung, Ziel sollte Nürnberg sein. Nach einer Zwischenstation in Reichenberg, der für das Sudetenland zuständigen Kopffiliale, erreichten die Filme schließlich am 10. März 1945 die Dresdner Bank-Filiale in Karlsbad.[34] Versuche, sie von dort weiter nach Bayern oder gar wie von der Zentrale wenig später gefordert wieder zurück nach Berlin zu bringen[35], waren aber nicht mehr realisierbar, der Kontakt brach ab.

Trotz intensiver Bemühungen gelang es in den folgenden Jahren nicht, Informationen über den Verbleib der Mikrofilme zu erhalten[36], was um so misslicher war, als man zwischenzeitlich nicht nur vom Verlust der Klietzer Originale erfahren hatte[37], sondern auch auf das einzig noch vorhandene Duplikat der jüngeren Vorstandsprotokolle nicht mehr zurückgreifen konnte, da dieses von den Alliierten 1947 als Beweismaterial für die Nürnberger Prozesse beschlagnahmt worden war.[38]

Einen letzten Hinweis auf den Verbleib der Filme gab der Tresorverwalter der Filiale Karlsbad, der die Vermutung äußerte, dass sie im Zusammenhang mit der Übernahme und Auflösung der Filiale durch die tschechische Živnostenská banka in deren Prager Zentrale verbracht worden sein könnten.[39] In den Zeiten des Kalten Krieges konnte diese Spur aber nicht weiter verfolgt werden.

Dies änderte sich erst, als mit dem Fall des Eisernen Vorhangs auch die Archive der ehemaligen Ostblockländer für westliche Forscher zugänglich wurden.

Harald Wixforth, einer der Mitarbeiter des Forschungsprojektes „Die Dresdner Bank im Dritten Reich“, entdeckte im Februar 2002 bei seinen Forschungen über die Aktivitäten des Instituts im Sudetenland und im Protektorat Böhmen und Mähren im tschechischen Nationalarchiv eher zufällig unter der Bestandsnummer 1335 die noch immer in den ursprünglichen weißen Pappröllchen verpackten Mikrofilme, die fast 60 Jahre mehr oder weniger unbeachtet im Magazin des Nationalarchivs aufbewahrt worden waren.[40]

In Gesprächen zwischen dem Historischen Archiv der Dresdner Bank und der Leitung des Nationalarchivs einigte man sich darauf, die Originalfilme in Prag zu belassen und dem Bankarchiv Kopien zur Verfügung zu stellen, wobei die Bank die Kosten für die notwendigen Restaurierungsarbeiten übernahm.[41]

Damit kehrte Ende 2008 ein schon längst verloren geglaubter Teil bankgeschichtlicher Überlieferung in das Archiv der Dresdner Bank zurück.[42]

III

Die Episoden Zühlen und Klietz spiegeln auf exemplarische Weise das abenteuerliche Schicksal zweier umfangreicher Dokumentenbestände, die heute zum Kern des seit der Zusammenführung mit dem Commerzbank-Archiv unter dem den Bestand Nr. 500 geführten Akten der ehemaligen Dresdner Bank gehören.[43]

Während jedoch die Vorstands- und Aufsichtsratsunterlagen der Dresdner Bank und der 1932 durch Fusion übernommenen Darmstädter und Nationalbank sowie deren Vorläufer hinsichtlich ihrer Bedeutung für die Entwicklung beider Institute unstreitig zur zentralen Aktenüberlieferung gehören, kann dies bei den Dokumenten der Volkswirtschaftlichen Abteilung tunlichst bezweifelt werden. Wenn ihr Schicksal in der Zühlener Episode dennoch eigens aufgegriffen wird, so hat dies zwei gewichtige Gründe:

Zum Einen handelt es sich bei den rund 20.000 Dossiers zu den wichtigsten deutschen und internationalen Unternehmen über ein für Banken zentrales Arbeitsmittel, das bei der Einschätzung der Bonität aktueller oder potentieller Kreditkunden bis in die jüngste Vergangenheit hinein unentbehrlich war.[44] Gleichwohl könnte man ein derartiges, überwiegend aus Sekundärmaterialien wie Presseausschnitten und gedruckten Geschäftsberichten bestehendes Papierkonvolut aus archivischer Sicht für verzichtbar halten, verfügten doch alle Großbanken über derartige Sammlungen. Allerdings haben die zerstörerischen Auswirkungen des Zweiten Weltkrieges auch in dieser Hinsicht große Lücken gerissen, so dass die Unternehmensdossiers der Dresdner Bank hinsichtlich Alter und Umfang vermutlich einzig dastehen;[45] sie bilden zudem eine in vielerlei Hinsicht interessante Quelle für die Wirtschaftsgeschichte der fünf Jahrzehnte vor 1945.

Zum Anderen nutzte die Volkswirtschaftliche Abteilung ihr gesammeltes Faktenwissen schon recht frühzeitig nicht nur für geschäftliche Zwecke, sondern auch für erste Ansätze einer Unternehmensgeschichtsschreibung. So sammelte man in einem voluminösen Band mit dem Titel „Chronik der Dresdner Bank“ Presseartikel über Hauptversammlungen, Jahresbilanzen, Anleihebegebungen, Aktienemissionen sowie Personalia.[46] Geschäftsunterlagen aus den verschiedenen Bereichen der Bank scheinen dagegen wenn überhaupt, dann nur in sehr geringfügigem Umfang in den Besitz der Abteilung gelangt zu sein.

Dennoch besetzte man von Beginn an den Namen „Archiv“, so dass es im Vergleich zu anderen Unternehmen wie Krupp und Siemens, die bereits in den Jahren 1905 und 1907 den Grundstein ihrer bis heute existierenden historischen Archive legten, erst mit großer Verspätung zur Gründung eines mit fachspezifischen Methoden arbeitenden Unternehmensarchivs kam.

Dabei war sich die Fachwelt schon recht frühzeitig darüber im Klaren, dass die Bezeichnung „Archiv“ für die in den volkswirtschaftlichen Abteilungen der Banken entstehenden Konvolute irreführend sei. So versteht Konrad Pfennig in seiner 1922 abgeschlossenen Studie das Bankarchiv als „das Bureau einer Bank (…) von dem die für die Durchführung der Bankgeschäfte erheblichen Nachrichten gesammelt und der Verwertung zugeführt werden.“[47] Er unterscheidet davon deutlich die „Betriebsarchive“, die gerade nicht einen unmittelbaren Nutzen hätten, sondern als „historische Wirtschaftsarchive“ der Forschung und Traditionsbildung dienten. Das Bankarchiv arbeite „im Gegensatz zu den historischen Archiven in erster Linie für die Gegenwart, für die Erfordernisse des Tages. Eine spätere historische Bearbeitung des Materials ist natürlich möglich, bedeutet aber keine wesentliche Aufgabe (...).“ Überhaupt bilde das Bankarchiv „einen integrierenden Bestandteil des Bankbetriebs“, während Betriebsarchive „ein vom kaufmännischen Standpunkte aus entbehrliches Anhängsel an den Betrieb darstellen.“[48]

Die Funktion eines Bankarchivs war damit zwar auf dem Wege einer Nominaldefinition hinreichend geklärt, die problematische Bezeichnung selbst aber nicht ausser Kraft gesetzt.

Karl Demeter, Archivrat am Reichsarchiv, bezeichnete 1936 in einem Aufsatz über die privaten Berliner Wirtschaftsarchive die Verwendung des Archivbegriffs für die volkswirtschaftlichen Materialsammlungen „als Sprachunfug“, der daher rühre, dass die staatlichen

Archive zu spät Fühlung mit den großen deutschen Wirtschaftsunternehmungen aufgenommen hätten.[49]

Trotz intensiver archivfachlicher Bemühungen war die unzutreffende Begrifflichkeit nicht mehr aus der Welt zu schaffen, so dass Hans Otto Meisner in seiner 1950 erschienenen Urkunden- und Aktenlehre der Neuzeit einen klärenden Hilfsbegriff vorschlug: „Man spricht von Zeitungsarchiven, Filmarchiven und dergleichen, aber das sind keine echten Archivbildungen, sondern – ganz abgesehen von dem nichtarchivalischen Gegenstande – aus künstlicher Sammeltätigkeit entstandene *Pseudo-Archive* (Hervorhebung des Autors) (...).“[50]

Letztlich durchgesetzt hat sich für diese Art von Einrichtungen die Bezeichnung Dokumentation. Im Gegensatz zum Archiv, das die Bearbeitung der aus Handlungen entstehenden Verwaltungsunterlagen zur Aufgabe hat, liegt der Schwerpunkt der dokumentarischen Tätigkeit auf dem Nachweis, der Aufbereitung und der Übermittlung von Informationen und Wissen.[51]

Im Bankbereich war das Vorbild dieser volkswirtschaftlichen Dokumentationen der von Henry Germain eingerichtete Service des ètudes financiéres, des französischen Credit Lyonnais, der zu seiner Glanzzeit um das Jahr 1900 rund 60 Personen beschäftigte. Der Bankbetriebswirt Georg Obst, der die im Pariser Hauptgebäude untergebrachten Abteilung im Jahre 1902 besuchte, war sichtlich beeindruckt: „Wie der Kopf mit dem Gehirn die Krönung des Menschen, so ist der im obersten Stock untergebrachte Service des études financiére das geistige Haupt der Bank.“[52]

Die Einrichtung Archiv verursachte also zumindest innerhalb der Finanzbranche keinesfalls den leicht negativen Beigeschmack, den es in der öffentlichen Meinung teilweise bis heute hat. Zumindest erschien es im Jahre 1903 dem frisch promovierten 26-jährigen Volkswirtschaftler Hjalmar Schacht durchaus karriereförderlich zu sein, bei der Dresdner Bank das Amt des Archivleiters zu übernehmen.

Zwar betont Schacht in seinen Memoiren eher seine innovative Tätigkeit im Bereich der „Public Relations“, vergisst aber nicht darauf hinzuweisen, dass er auch das volkswirtschaftliche Archiv durch eine Neuausrichtung der Sammlungs- und Auswertungstätigkeit von einem internen Dienstleister zu einem wichtigen Faktor im Kontakt mit der Kundschaft umgestaltet habe.[53]

Seit 1908 im Range eines stellvertretenden Direktors führte Schacht in einem Vortrag vor Berliner Richtern und Staatsanwälten

Blick in das Archiv der volkswirtschaftlichen Abteilung der Dresdner Bank
im 3. Obergeschoss des Stammhauses in der König-Johann-Straße;
das Bild ist in den Jahren vor dem Ersten Weltkrieg entstanden.

im Jahre 1911 aus: „Das Archiv der Dresdner Bank (...) enthält über 12.000 Aktenstücke, in denen über jeden Staat und jede Kommune, deren Wertpapiere an der Börse gehandelt werden, und viele andere das wünschenswerte Informationsmaterial gesammelt wird.“[54]

Schacht galt denn auch nicht ganz zu Unrecht als Erneuerer des „Archivs“ und Begründer einer modernen, stark mit Pressearbeit befassten volkswirtschaftlichen Abteilung insgesamt; da die Bank jedoch erst in der Mitte der 1880er Jahre den Schwerpunkt ihrer Geschäfte nach Berlin verlegte, dürften die Wurzeln beider Einrichtungen allerdings im Dresdner Stammhaus gelegen haben.[55]

Schacht verließ 1916 die Dresdner Bank und trat in den Vorstand der Nationalbank für Deutschland ein.[56] Sein Nachfolger im Amt als „Chefarchivar“ wurde der 40-jährige Jurist Dr. Rudolf Sabath, der 1909 zum Stellvertreter Schachts befördert worden war.

Dass diese Amtsbezeichnung allerdings nicht zwangsläufig mit einer Steigerung des gesellschaftlichen Ansehens verbunden sein musste, sondern im Gegenteil auf tief sitzende Vorurteile stossen konnte, musste der frisch ernannte Archivleiter schon recht bald feststellen.

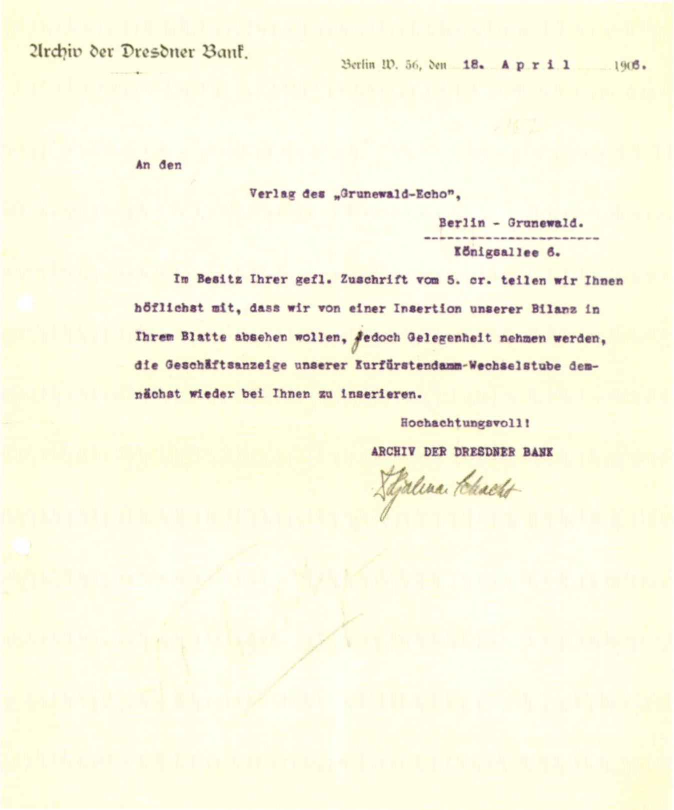

Archiv der Dresdner Bank.

Berlin W. 56, den 18. April 1908.

An den

Verlag des „Grunewald-Echo",

Berlin - Grunewald.

Königsallee 6.

Im Besitz Ihrer gefl. Zuschrift vom 5. cr. teilen wir Ihnen höflichst mit, dass wir von einer Insertion unserer Bilanz in Ihrem Blatte absehen wollen, jedoch Gelegenheit nehmen werden, die Geschäftsanzeige unserer Kurfürstendamm-Wechselstube demnächst wieder bei Ihnen zu inserieren.

Hochachtungsvoll!

ARCHIV DER DRESDNER BANK

Hjalmar Schacht

Hjalmar Schacht verstand seine Tätigkeit als Chef-Archivar der Dresdner Bank immer auch politisch; dies galt für die von ihm aktiv betriebene Pressearbeit (oben) ebenso wie für seine Tätigkeit in der Bankabteilung der deutschen Militärregierung in Brüssel 1915/16 (unten).

Sabath, der 1906 nach dem Studium der Staatswissenschaften in Berlin und Münster als Archivar bei der Dresdner Bank eingetreten war, hatte sich im Dezember 1914 der Intendantur des Feldheeres, einer militärischen Verwaltungsstelle zur Versorgung des Feldheeres, zur Verfügung gestellt und war nach Ableistung einer Probezeit zum Feldintendanturassessor ernannt worden. Anfang 1916 hatte das Kriegsministerium verfügt, dass Antragstellern im zivilen Range eines Rates vierter Klasse[57] das Tragen einer Uniform und das Führen des klangvollen Titels eines Intendanturrates gestattet werden könne. Einen entsprechenden Antrag Sabaths lehnte das zuständige Kriegsministerium jedoch mit der Begründung ab, dass dessen Stellung als Archivar keine hinreichende Voraussetzung für diese Beförderung biete.

Daraufhin sahen sich die beiden führenden Direktoren der Dresdner Bank, der 76-jährige Bankchef Eugen Gutmann und sein informeller Stellvertreter im Vorstand, Henry Nathan, veranlasst, in einem ausführlichen Brief an den Minister für Handel und Gewerbe um ein befürwortendes Gutachten zu bitten. In ihrem Schreiben vom 26. Mai 1916 stellten sie mit Blick auf die ablehnende Haltung des Kriegsministeriums fest:

„Diese Auffassung (...) dürfte darauf zurückzuführen sein, dass wir (...) den bei den Großbanken üblichen Brauche entsprechend Dr. Sabath als Archivar und nicht als Leiter der volkswirtschaftlichen Abteilung bezeichneten. Wenn auch die übliche Archivartätigkeit, Sammlung und Aufbewahrung von Vorgängen einen Teil der Tätigkeit des Bankarchivars bildet, so handelt es sich in dieser Abteilung doch viel mehr um die Sammlung des gesamten Materials über die Finanzen von Staaten und Gemeinden, über Vorgänge bei Erwerbsgesellschaften und wirtschaftliche Fragen im In- und Auslande. (...) Neben der Leitung dieser Arbeit liegt außerdem dem Bankarchivar unter anderem das Pressereferat ob, ferner die Bearbeitung statistischer und volkswirtschaftlicher Arbeiten, das Reklame- und Inseratenwesen sowie die Abfassung literarischer Arbeiten (...).

Die Stellung des Großbankarchivars, der Umfang und die Art seiner Betätigung (...) dürfte nach unserem Dafürhalten dem Inhaber der Stellung wohl die Berechtigung geben, als im Range eines Rates vierter Klasse bewertet zu werden.“

Leider geben die Unterlagen des Ministeriums keine abschließende Auskunft darüber, ob Sabath letztlich in den Genuss der erhofften Beförderung kam, immerhin bescheinigte ihm ein Dossier des

Berliner Polizeipräsidenten, dass er sich bei „einwandfreier Führung" eines „guten Rufes und Ansehens" erfreue, „Verkehr in besseren Kreisen" halte und „zu den höheren Bankbeamten" zähle.[58]

Diese Erfahrungen mögen dazu beigetragen habe, dass der spätestens ab 1927 als Nachfolger von Sabath tätige Dr. Oskar Mohrus[59] zwar weiterhin den Titel eines Chefarchivars trug, nunmehr aber nicht mehr dem „Archiv", sondern der Volkswirtschaftlichen Abteilung vorstand, die unter den Bezeichnung Archiv I allgemeine volkswirtschaftliche und konjunkturelle Daten sammelte und unter Archiv II Einzelakten zu Unternehmen und Körperschaften anlegte.[60]

Mohrus wurde aufgrund seiner „nichtarischen Abstammung" zum Ende des Jahres 1933 gegen Zahlung einer Abfindung entlassen und emigrierte nach Palästina.[61]

Sein Nachfolger, Dr. Schmidtlein, amtierte nur übergangsweise und wechselte im Frühjahr 1935 „ins laufende Geschäft."[62] Seine Stelle übernahm ab 1936 Dr. Kurt Hunscha, der die Volkswirtschaftliche Abteilung der Dresdner Bank bis zu seiner Pensionierung im Jahre 1967 leitete. Hunscha (1902–1973) hatte nach einer Banklehre Volkswirtschaft studiert, wechselte danach an das von Ernst Wagemann gegründete Institut für Konjunkturforschung und übernahm dann ab 1929 die stellvertretende Leitung der Volkswirtschaftlichen Abteilung der IG Farbenindustrie. Nachdem das „Archiv" schon 1935 im Rahmen einer Neuorganisation stärker in das allgemeine kommerzielle Geschäft eingebunden worden war[63], straffte Hunscha nun auch die Führungsstrukturen und verstärkte die wissenschaftliche Ausrichtung der Gesamtabteilung.[64]

Gleichzeitig begann man sich in der Abteilung auch erstmals wieder systematisch mit der Geschichte des eigenen Hauses zu beschäftigen.

IV

Mit der 1897 veröffentlichten ersten Festschrift hatte man nicht nur das 25-jährige Bestehen der Dresdner Bank, sondern auch das Dienstjubiläum ihres charismatischen Mitbegründers Eugen Gutmann gefeiert. Die großformatige, üppig gestaltete Prachtausgabe, erhob denn auch weniger einen historiographischen, sondern vielmehr einen repräsentativen Anspruch. Neben einem knappen Einleitungstext bildeten großformatige Fotos von Fabrikationsanlagen der wichtigsten industriellen Kunden der Bank den Kern der Veröffentlichung.

Es war dann wiederum Hjalmar Schacht, der die erste Ausgabe der von der Volkwirtschaftlichen Abteilung für das Jahr 1912 herausgegebene Broschüre „Die wirtschaftliche Kräfte Deutschlands" öffentlichkeitswirksam zur Erinnerung an das 40-jährige Jubiläum der Dresdner Bank nutzte. Eine Teilauflage der 48 Seiten umfassenden Sammlung wirtschaftsstatischer Daten, die unter leicht verändertem Titel in den folgenden Jahren noch mehrfach herausgegeben wurde[65], erschien in rotem Einband, goldgeprägtem Titel und der Unterzeile „Überreicht von der Dresdner Bank anlässlich ihres 40jährigen Bestehens".

Dies sollte jedoch der vorläufig letzte Rekurs auf die Bankgeschichte bleiben, denn unter dem Eindruck der Inflation konnte man sich zehn Jahre später nicht einmal mehr zu einer solchen Geste entschließen, so dass der fünfzigste Gründungstag der Bank im November 1922 ohne offizielle Feierlichkeiten vorüberging.[66]

Eine erste quellengestützte Darstellung zur Geschichte der Dresdner Bank erschien erst sieben Jahre später. Verfasser des Manuskripts war Felix Jüdell, von 1897 bis 1925 Vorstandsmitglied der Bank. Auf der Basis der Geschäftsberichte, aber auch unter Auswertung der Korrespondenzen des 1925 verstorbenen Eugen Gutmann, beschreibt Jüdell die Entwicklung des Instituts von seiner Gründung im Jahre 1872 bis zum Ausbruch des Ersten Weltkrieges.[67] In seinem Vorwort weist er darauf hin, dass vor allem jüngere Führungskräfte aus der „Betrachtung der Vergangenheit" Lehren ziehen sollten, um sie auf diese Weise von „Fehlern und Enttäuschungen" zu bewahren.[68]

Inwieweit die als Privatdruck erschienene Darstellung ihre Adressaten und ihr pädagogisches Ziel erreichte, kann aus heutiger Sicht nicht mehr beurteilt werden.

Eine breitere Leserschaft innerhalb der Bank dürfte hingegen die 1935 im ersten Jahrgang der Hauszeitschrift „Betriebs-Echo" erschienene knappe Darstellung über „Die Entwicklung der Dresdner Bank" gefunden haben. Als Verfasser verantwortlich zeichnete „Dr. Müller, Archivar der Dresdner Bank."[69]

Dr. Gerhard Müller (1890–1978) war bis zu seiner Pensionierung über lange Jahre stellvertretender Leiter der Volkswirtschaftlichen Abteilung und beschäftigte sich in den folgenden zwei Jahrzehnten immer wieder mit bankgeschichtlichen Themen.[70]

1938/39 veröffentlichte er im Betriebs-Echo unter dem Titel „Zur Geschichte der Dresdner Bank“ eine ausführliche, vierteilige Artikelserie, die sich den ersten 50 Jahren der Entwicklung des Instituts widmete.[71] In seinem Vorwort führte Müller aus, dass es ungeachtet der grundlegenden Wandlungen, die der Nationalsozialismus herbeigeführt habe, keineswegs überflüssig sei die Vergangenheit zu betrachten, zumal „die Geschichte der Dresdner Bank (…) zugleich ein Stück Wirtschaftsgeschichte unseres Vaterlandes (bilde).“[72]

Trotz der aus Sicht des NS-Regimes jüdischen Wurzeln der Bank enthielt sich Müller bei der Beschreibung der Gründungsphase weitgehend antisemitischer Untertöne. Lediglich im Einleitungskapitel wies er darauf hin, dass sich die Juden wegen des kanonischen Zinsverbots seit dem Mittelalter verstärkt mit Geldgeschäften befaßt und „aus der in ihrer rassischen Eigenart begründeten händlerischen Geisteshaltung“ heraus sich später noch stärker dieses Geschäftszweig zugewandt hätten, „so dass bekanntlich auch die spätere Entwicklung des Bankwesens wesentlich unter jüdischem Einfluß stand.“[73] Eine Argumentation, mit der er sich eher an den Thesen Werner Sombarts über die Rolle der Juden im Wirtschaftsleben, als am kruden Antisemitismus der Nationalsozialisten orientierte.[74]

Die Darstellung Müllers, die sich im Kern auf eine Strukturgeschichte der Bank mit ihren zahlreichen Übernahmen und Filialgründungen beschränkt, bricht mit dem Inflationsjahr 1923 ab. Sein 1942 zum 70-jährigen Bestehen der Dresdner Bank vorgelegtes sechsseitiges Manuskript, dass sich erneut mit dieser Thematik beschäftigte, ging über diesen Zeitrahmen ebenfalls nicht hinaus und blieb unveröffentlicht.[75]

Erst der wiederum von Müller verfasste umfangreiche Artikel über die Dresdner Bank im Encyklopädischen Lexikon für das Geld-, Bank- und Börsenwesen enthielt (bemerkenswert kurz gefasste) Absätze über die Entwicklung der Bank in der Weimarer Republik und im Nationalsozialismus sowie – wieder wesentlich ausführlicher – über die Nachkriegsgeschichte von der Zerschlagung in Teilinstitute bis hin zur Neugründung der Dresdner Bank AG im Jahre 1957.[76]

Ein Sonderdruck dieses Beitrages wurde im Rahmen der Informationsdienste der Volkswirtschaftlichen Abteilung innerhalb der Bank verbreitet[77] und erschien nach einer Überarbeitung für die 3. Auflage des Lexikons 1969 als eigenständige Borschüre.[78] Auffällig an dieser durch den zwei Jahre zuvor in den Ruhestand gewechselten ehemali-

Während die Festschrift zum 25-jährigen Bestehen der Dresdner Bank im Jahre 1897 noch ganz den prunkvollen Repräsentationsstil des Kaiserreichs widerspiegelt, ist das Gedenken an das 40. Gründungsjubiläum vor dem Hintergrund der Inflation recht nüchtern gehalten.

gen Chefvolkswirt Kurt Hunscha überarbeiteten Neuauflage, ist die Rückbesinnung auf die Darmstädter und Nationalbank, die 1932 als Folge der Bankenkrise in der Dresdner Bank aufgegangen war. Unter der Überschrift „Trägerin zweier Traditionen" weist der Text auf die Bedeutung der 1853 in Darmstadt gegründeten Aktienbank hin und widmet ihrer Geschichte ein eigenes Kapitel.

Angesichts des 1972 bevorstehenden 100-jährigen Gründungsjubiläums der Dresdner Bank war die vorliegende, immer noch reichlich kursorische Darstellung allerdings völlig unzureichend.

Bereits 1965 hatte Carl Goetz, der langjährige Aufsichtsratsvorsitzende der Dresdner Bank, mit dem Wirtschaftspublizisten Erich Achterberg Gespräche über die Erarbeitung einer Festschrift geführt.

Achterberg, langjähriges Redaktionsmitglied der Frankfurter Zeitung, war nach dem Krieg Mitarbeiter der Zeitschrift für das gesamte Kreditwesen und hatte 1955 die von der Dresdner Bank zum 70. Geburtstag von Goetz in Auftrag gegebene Chronik über den Bankplatz Frankfurt am Main vorgelegt.[79] Daneben war unter seiner Leitung im Juli 1962 ein „Archiv für bankgeschichtliche Forschung – Bankhistorisches Institut" entstanden.[80]

Nach dem Tode von Goetz im August 1965 nahm das Vorstandsmitglied Erich Vierhub im Dezember die Verhandlungen wieder auf, übertrug allerdings dem Leiter der Volkswirtschaftlichen Abteilung Kurt Hunscha die verantwortliche Leitung des Projekts, während Achterberg lediglich mit der „Erstellung gewisser Unterlagen und Biographien" beauftragt wurde.[81]

Die am 11. Februar 1966 zwischen beiden Autoren schriftlich fixierte Arbeitsteilung sah vor, dass Achterberg das Eingangskapitel mit der Geschichte von Dresdner Bank und Darmstädter Bank bis zum Ausbruch des Ersten Weltkrieges zu bearbeiten habe, während die übrigen Teile von Hunscha bzw. für den aktuellen Teil von einem jüngeren Mitglied der Geschäftleitung übernommen werden sollten.[82]

Mit einer Fertigstellung des Textes war nach diesen Planungen spätestens Ende 1967 zu rechnen.[83]

Für die Sammlung geeigneten Materials war die Gründung eines unter der Verantwortung Hunschas stehenden „Zentralarchivs für die Geschichte der Dresdner Bank" mit Sitz in Frankfurt am Main vorgesehen, das seine wesentliche Sammlungsarbeit bis Ende 1966 abgeschlossen haben sollte.[84]

Kurt Hunscha (1902–1973), von 1936 bis 1967 Leiter der Volkswirtschaftlichen Abteilung der Dresdner Bank.

In der Praxis erwiesen sich diese Planungen aber schon kurze Zeit später als viel zu optimistisch. Dies galt sowohl für die Akqusitionstätigkeit der nunmehr als „Spezialarchiv" bezeichneten Einrichtung, als auch für den Zeithorizont der zu erstellenden Texte. Danach war mit einer gründlichen internen Abstimmung der einzelnen Kapitel wohl erst im Jahre 1970 zu rechnen, wobei man zusätzlich noch einen vergleichenden Blick auf die gleichzeitig erscheinenden Festschriften von Commerzbank und Deutscher Bank, die beide im Jahre 1870 gegründet worden waren, werfen wollte.[85]

Grund für die Verzögerungen waren Wechsel in der Disposition des Gesamtkonzepts und einzelner Kapitel, vor allem aber Abstimmungsschwierigkeiten der beiden Autoren untereinander. So berichtet Hunscha in einer Notiz für das Vorstandsmitglied Karl Friedrich Hagenmüller: „Auf Grund der bisher gelieferten Kapitel des Achterberg'schen Entwurfs bin ich zu der Überzeugung gelangt, dass eine – im ersten Stadium unserer Überlegungen als Kompromiss für möglich gehaltene – kapitelweise Aufteilung des Stoffes (...) schon aus Gründen des Stils und der Mentalität zu keinem beide Seiten befriedigenden Ergebnis kommen kann." Stattdessen schlug er vor, einen eigenständigen Beitrag über „Das Porträt der Entwicklungsgeschichte einer deutschen Universalbank" zu verfassen.[86]

Nachdem sich die Fertigstellung auch dieses Beitrags verzögerte und die Textentwürfe Achterbergs seitens der Bank als unzulänglich eingestuft wurden[87], der Jubiläumstermin aber immer näher rückte, beschloss der Vorstand schließlich einen Paradigmenwechsel: Die Idee einer textlastigen Gesamtgeschichte der Bank wurde zugunsten eines allgemeinen, stark bebilderten Rückblicks auf die gesellschaftlichen Entwicklungen der vergangenen 100 Jahre aufgegeben.[88] Die in Zusammenarbeit mit dem Münchener Bruckmann Verlag und dem für die Fotoauswahl zuständigen Journalisten Karl Pawek[89] entwickelte Konzeption, enthielt als Reverenz an die Geschichte der Bank lediglich eine von Kurt Hunscha entwickelte und von seinem Nachfolger als Chefvolkswirt, Reinhard Stößel, abgeschlossene, stichwortartige Chronik und erschien 1972 mit einem einleitenden Essay des Publizisten Klaus Harpprecht[90] unter dem Titel „Chiffren einer Epoche".[91]

Die Bank wies in einem kurzen Vorwort darauf hin, dass man auf eine „umfassende geschichtliche Monographie" zugunsten des Versuchs verzichtet habe, „die hundert Jahre in ihrem politischen, gesellschaftlichen, künstlerischen und wirtschaftlichen Zusammenhang (...) durchsichtig zu machen" und dabei „die Interpretation eines Schriftstellers unserer Tage (...) ebenso wichtig wie die Sprache des Bildes gewesen (sei)."[92] In Anbetracht der Vorgeschichte könnte aber ebenso der Eindruck entstehen, dass man aus der Not eine Tugend gemacht hatte.

Erst zum 120-jährigen Jubiläum erschien von Hans G. Meyen, Nachfolger Reinhard Stößels als Chefvolkswirt des Instituts, eine Darstellung zur Geschichte der Dresdner Bank, die dann auf die Texte Achterbergs und Hunschas sowie deren archivische Vorarbeiten zurückgreifen konnte.[93]

V

Entsprechend ihren Aufgaben hatte die Volkwirtschaftliche Abteilung im Laufe ihres Bestehens immer auch gedrucktes Material von und über die Dresdner Bank gesammelt. Dazu gehörten Drucksachen, Presseveröffentlichungen, Geschäftsberichte etc. Der überwiegende Teil dieses Materials war jedoch mit dem Verlust des Archivs in

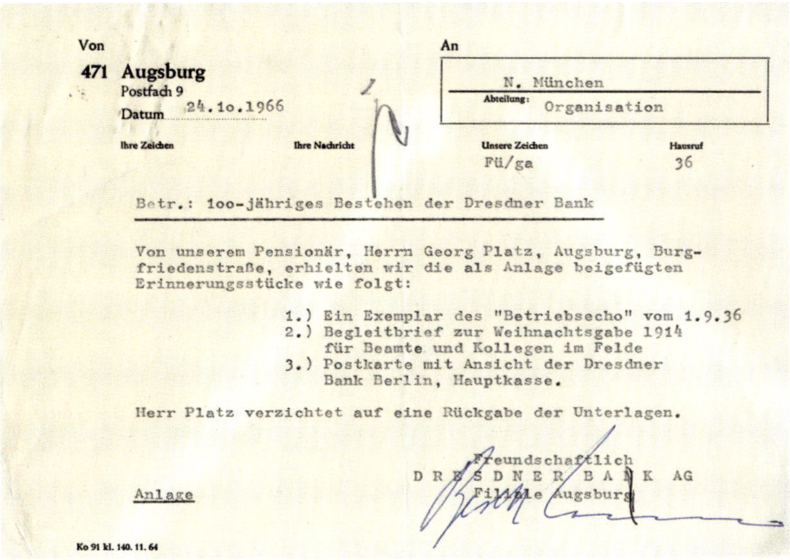

Von

471 Augsburg
Postfach 9
Datum 24.10.1966

An

N. München
Abteilung: Organisation

Ihre Zeichen | Ihre Nachricht | Unsere Zeichen Fü/ga | Hausruf 36

Betr.: 100-jähriges Bestehen der Dresdner Bank

Von unserem Pensionär, Herrn Georg Platz, Augsburg, Burgfriedenstraße, erhielten wir die als Anlage beigefügten Erinnerungsstücke wie folgt:

1.) Ein Exemplar des "Betriebsecho" vom 1.9.36
2.) Begleitbrief zur Weihnachtsgabe 1914 für Beamte und Kollegen im Felde
3.) Postkarte mit Ansicht der Dresdner Bank Berlin, Hauptkasse.

Herr Platz verzichtet auf eine Rückgabe der Unterlagen.

Freundschaftlich
D R E S D N E R B A N K AG
Filiale Augsburg

Anlage

Ko 91 kl. 140. 11. 64

Über die aus allen Teilen der Bank zahlreich eingehenden Erinnerungsstücke wurde sorgfältig Buch geführt.

Zühlen verloren gegangen[94], so dass die Abteilung nur äußerst lückenhafte Informationen über die Vorkriegszeit besaß.

Bei den Vorüberlegungen zur Gründung eines „Spezialarchivs für die Geschichte der Dresdner Bank" entschloss sich Kurt Hunscha daher eine „seit längerem vorgesehene Aktion zur Registrierung und zentralen Sammlung des in der Bank verstreut vorhandenen bankhistorisch verwertbaren Materials (zu) starten".[95]

Geplant waren Besuche in den einzelnen Filialen; ein Rundbrief an alle Niederlassungen sollte hierfür die „psychologische Vorbereitung und zugleich die persönliche Legitimation bilden."[96]

Der Frankfurter Vorstand versandte das Schreiben im August 1966 als Rundbrief Nr. 37 „an die Direktionen unserer Niederlassungen." Mit Verweis auf das 1972 anstehende Bankjubiläum informierte der Text über ein neu eingerichtetes Spezialarchiv, in dem „die bisher an verschiedenen Stellen des Hauses, evtl. auch im Privatbesitz, verstreut gesammelten Erinnerungsstücke und sonstigen zeitgeschichtlich interessierenden Materialien" zusammengestellt werden würden. Darüber hinaus bat man um Namen und Adressen „von noch aktiven oder ehemals verantwortlich tätigen Angehörigen unserer Bank (...), die nach ihrer Ansicht in der Lage wären, auch mit ihrem persönlichen Wissen zur Klärung von in der Jubiläumsschrift darzustellenden Vorgängen beizutragen.[97] Laut beigefügtem Fragebogen waren besonders gesucht:

- Geschäftsberichte,
- sonstiges Material zur Geschichte (Reden, Aufzeichnungen, Bilder, Ausgaben des Betriebs-Echo etc.),
- allgemeines bank- und wirtschaftshistorisches Material (Kursblätter, Fachzeitschriften, Nachschlagewerke etc.).[98]

Das genaue Ergebnis dieser Umfrage läßt sich nicht mehr exakt feststellen; immerhin waren mit der Sichtung und Ordnung der Eingänge in der Anfangszeit die Sekretärin Hunschas sowie eine weitere Halbzeitkraft beschäftigt.[99]

Organisatorisch war das „Spezialarchiv" Teil des Volkswirtschaftlichen Sekretariats, das nach der Pensionierung Hunschas im Jahre 1967 in das sogenannte „Bankhistorische Sekretariat" umgewandelt wurde.[100]

Das Arbeitsprogramm umfasste Mitte der 1970er Jahre neben der „täglichen Büroarbeit" vor allem Ablagetätigkeiten, die sich auf die Auswertung von Pressematerial, die Bearbeitung eingehenden Sammlungsgutes, und die Führung von entsprechenden Listen bezogen. Aus dieser Arbeit entstanden u.a. zwei detaillierte, chronologisch und alphabetisch geführte Bände mit Filialchroniken, die bis heute ein ausgesprochen nützliches Hilfsmittel bei der Feststellung und Durchführung von Filialjubiläen bilden.[101]

Systematische Akquisition und Bearbeitung ganzer Aktenbestände gehörten zumindest zu diesem frühen Zeitpunkt nicht zu den Aufgaben der Arbeitsstelle, wohl jedoch die Betreuung einer Bibliothek mit bankhistorischer Fachliteratur, die zu diesem Zeitpunkt bereits 1.700 Titel umfasste.[102]

Nach dem Abschluß der Feierlichkeiten zum 100-jährigen Jubiläum nahm das Interesse an geschichtlichen Fragen naturgemäß wieder ab und es gelang weder ausscheidende Kräfte zu ersetzen, noch den Personalbestand aufzustocken; ein entsprechender Vorschlag Hunschas wurde mit dem Argument abgelehnt, „dass wir nun alle Arbeitskräfte und Räume für die Zentralisierung unseres Hauses benötigen".[103]

Immerhin blieb das Bankhistorische Archiv auch in den nächsten Jahren weiterhin personell betreut und konnte so seine Sammlungstätigkeit fortsetzen. So etwa mit der Aktion „Wer hat noch Erinnerungsstücke“ in der Hauszeitschrift „Wir“, in der die Angestellten der Bank im Jahre 1986 ein weiteres Mal um ihre Mithilfe gebeten wurden.[104]

Mitte der 1980er Jahre widmete man erstmals auch Aktenbeständen größere Aufmerksamkeit, so etwa dem Büronachlaß des 1955 verstorbenen Vorstandsmitgliedes Dr. Hugo Zinßer.[105] Allerdings mit verheerenden Folgen. Gemäß den für die systematische Ablage von Presse- und sonstigen Druckerzeugnissen entwickelten alphabetischen Ablage, zerlegte man die einzelnen Vorgänge nach Sachthemen und zerstörte damit die für den Historiker so wichtigen Handlungsabläufe, die später nur in mühevoller Kleinarbeit annähernd wiederhergestellt werden konnten. Zahlreiche, scheinbar uninteressante, weil schlagwortmäßig nicht eindeutig zuzuordnende Dokumente wurden offensichtlich vernichtet.[106]

An dieser Stelle werden die Unterschiede zwischen einer nach dem Pertinenzprinzip arbeitenden Volkswirtschaftlichen Dokumentation und eines auf dem Provenienzgedanken aufbauenden Historischen Archiv besonders deutlich. Beide befassen sich äußerlich betrachtet mit dem Sammeln und Aufbereiten von Informationen, arbeiten jedoch methodisch nach geradezu entgegengesetzten Prinzipien.[107]

Dies kann und soll die Verdienste des Bankhistorischen Sekretariats um die Sicherung der Dresdner Bank-Überlieferung nicht mindern, zumal die Volkswirtschaftliche Abteilung immer wieder um eine professionelle Betreuung dieser Einrichtung bemüht war. So schlug Hans G. Meyen unmittelbar nach Erscheinen seines Buches zum 120-jährigen Bestehen der Bank im August 1992 vor, das Bankhistorische Archiv in eine eigenständige Einheit zu überführen und mit einem „hauptamtlichen Bankhistoriker“ zu besetzen.[108]

Obwohl man seitens der Volkswirtschaft zusätzlich darauf hinwies, das sich das Archiv im Vergleich zu anderen Großbanken und angesichts der Bedeutung der Dresdner Bank für die deutsche Bankengeschichte in einem „unangemessenen Zustand“ befinde,[109] stieß der Vorschlag innerhalb der Bank auf keine ausreichende Resonanz.[110]

Es bedurfte erst besonderer äußerer Umstände, um die Leitung der Dresdner Bank zu einem Umdenken im Bezug auf die eigene Geschichte zu veranlassen.

Einen wesentlichen Anstoss gab das gesteigerte Interesse der Öffentlichkeit am Verhalten der deutschen Unternehmen in der Zeit des Nationalsozialismus, das durch die Zwangsarbeiterfrage noch besonders befördert wurde.[111] Hinzu kam, dass nach dem Fall des „eisernen Vorhangs“ umfangreiche, in den Staatsarchiven der ehemaligen DDR und den Ostblockländern lagernde Aktenbestände aus den 1930er und 1940er Jahren auch für westliche Forscher erstmals zugänglich wurden.

Auslöser für die Dresdner Bank waren im Sommer 1997 zunächst eine Rede des Vorstandssprechers Jürgen Sarrazin zum 125. Jubiläum der Bank, der die Zeit des Dritten Reiches mit nur wenigen belanglosen Sätzen abtat und dann ein Film, der unter dem plakativen Titel „Das braune Band der Sympathie“ die Aktivitäten der Bank im Nationalsozialismus zur besten besten Sendezeit anprangerte.[112]

Unter dem Druck der öffentlichen und veröffentlichten Meinung, aber auch wegen drohender Schwierigkeiten mit amerikanischen Geschäftskunden, beauftragte der Vorstand der Bank nur wenige Monate später eine Historikerkommission unter der Leitung des Direktors des Dresdner Hannah-Arendt-Institutes Klaus-Dietmar Henke mit der Untersuchung der Geschichte der Dresdner Bank in den Jahren des Nationalsozialismus.[113]

Als die Kommission Anfang Januar 1998 ihre Arbeit aufnahm, wurde schnell klar, dass der Auftrag ohne die systematische Aufbereitung der zwar in großem Umfang vorhandenen, aber dezentral gelagerten und unerschlossenen Aktenbestände nicht würde durchgeführt werden können.[114]

Relevantes Aktenmaterial für den Zeitraum 1933 bis 1945 befand sich

- im sogenannten Berliner Altbankarchiv, das ca. 7 lfd. km Unterlagen der Zentrale und der Ostfilialen aufbewahrte,
- in den Räumen der Frankfurter Altregistratur; dabei handelte es sich vorwiegend um die Akten der Verlagerungsabteilung, die mit der Abwicklung der 1945 aufgelösten alten Dresdner Bank befasst war (ca. 1 lfd. km),
- im Besitz des Frankfurter Bankhistorischen Archivs, wobei diese Unterlagen für die Zwecke des Forschungsprojekts von eher untergeordneter Bedeutung waren sowie
- in den Kellern der westdeutschen Niederlassungen; hier war mit einem Umfang von ca. 4 lfd. km zu rechnen.

Zusammen insgesamt 12 lfd. km Quellenmaterial, über dessen Inhalt nur völlig unzureichende Informationen vorlagen und das wegen mangelhafter Lagerung in weiten Teilen akut gefährdet war.

Der aus international renommierten Wissenschaftlern zusammengesetzte Beirat des Forschungsprojekts empfahl daher in einem Schreiben an den Sprecher des Dresdner Bank-Vorstandes, Bernhard Walter, die Einrichtung eines professionell geführten Unternehmensarchivs, das nicht nur die vorhandenen Akten in eine zweckmäßige Ordnung bringen solle, sondern darüber hinaus „auch ein potentes Element der Unternehmenskultur und der Identitätsstiftung unter den eigenen Mitarbeitern dar(stelle).“[115]

Das mit der Erarbeitung von Empfehlungen betraute Generalsekretariat der Bank schlug zunächst vor, die gesamten Aktenbestände in den Räumen des Berliner Altbankarchivs zu konzentrieren und die dortigen vier Mitarbeiter durch einen Wirtschaftshistoriker oder -dokumentar zu ergänzen.[116]

Letztlich entschied man sich mit Unterstützung der Forschergruppe für den zentralen Standort Frankfurt und für die Einstellung eines erfahrenen Wirtschaftsarchivars, der den Aufbau des Unternehmensarchivs zusammen mit einem ebenfalls noch zu engagierenden Team in die Wege leiten sollte.[117]

Mit Eintritt des neuen Archivleiters und der bis auf die Sekretärin ebenfalls von außen kommenden vier Mitarbeiterinnen und Mitarbeiter nahm das Historische Archiv zum 1. September 1999 seine Arbeit auf.[118]

Das Historische Archiv der Commerzbank, das nach der Übernahme der Dresdner Bank im Jahre 2008 deren Archivbestände eingegliedert hat, zählt heute zu den größten und modernsten Unternehmensarchiven im deutschsprachigen Raum. Die rund 14 lfd. km Akten der Dresdner Bank selbst stehen in ihrem Kern seit dem 25. November 2010 unter Kulturgutschutz.[119]

Das alte, seit 1917 gültige Dresdner Bank-Logo mit Initialen und Merkurstab wurde im Jahre 1972 durch das Dreieck im Sechseck, das sogenannte Pontoauge, abgelöst. Dennoch überdauerte ein über mannshohes Exemplar am Gebäude der Kölner Niederlassung die Zeiten und wurde erst im Jahre 2005 abgenommen, restauriert und in die Werbemittelsammlung des Historischen Archivs aufgenommen.

Anmerkungen

1 Ich danke Herrn Dieter Linhardt für die ausgesprochen sorgfältige Ortsbegehung der Gemeinde Zühlen, die er am 29.9.2012 in meinem Auftrag durchgeführt hat. Über Zühlen siehe auch Dietrich Zühlke (Bearb.), Ruppiner Land, Berlin 1981, S. 33-38.

2 Johann Heinrich Stobwasser, geboren 8.10.1884 in Zühlen; bis zu seinem Tode am 17.1.1959 Pastor von Zühlen. Über seine Mitgliedschaft in der Bekennenden Kirche siehe Christian R. Homrichhausen, Bekenntnis in Not. Die evangelische Kirche in Berlin Brandenburg im Konflikt mir dem totalen Staat (1933–1945), Berlin 2000, S. 176f.

3 Zitiert nach der Wiedergabe im handschriftlichen Brief Stobwassers an den Vertreter der Dresdner Bank, Walter Michels, vom 22.4.1949, in: HAC-500/11051.

4 Ebda., handschriftl. Kopie des Schreibens an den Kreis Neuruppin vom 23.4.1949 als Anlage zum Brief an Michels.

5 Ausführlich dazu und zu den folgenden Ausführungen siehe die Diplomarbeit von Benjamin Schäf, Die Volkswirtschaftliche Abteilung und das Archiv der Dresdner Bank 1882–1945 und die Geschichte des Archivbestands nach dem Zweiten Weltkrieg, Diplomarbeit, FH Potsdam 2004.

6 Zum Berliner Hauptgebäude der Dresdner Bank siehe: Michael Jurk / Katrin Lege (Hrsg.), In bester Lage. Geschichte eines Quartiers an der Berliner Behrenstraße (Publikationen der Eugen-Gutmann-Gesellschaft, Bd. 6), Dresden 2011.

7 Siehe die Aktennotizen „Luftschutzmaßnahmen für das Archiv“, 4.3.1943 und „Aufräumungsarbeiten anlässlich der Terrorangriffe“, 20.1.1944, in: HAC-500/ 45390-2001.

8 Zu den Verkehrsverbindungen siehe ebda., Aktennotiz vom 23.3.1944.

9 Ebda., Aktennotiz vom 4.7.1944; Personalakte Richard Lottermoser, in: HAC/500-E.10035.

10 Ebda. Aktennotizen betr. „Verlagerung des Hauptarchivs nach Zühlen“ vom 17.3., 23.3. und 28.4.1944.

11 So wurde für Berliner Besucher des Archivs eine eigene Übernachtungsmöglichkeiten bereit gehalten; siehe ebda., Schreiben Hauptarchiv, Zühlen, an die Berliner Organsiationsabteilung vom 16.11.1944.

12 Ebda., Hauptarchiv, Zühlen, an Organisations-Abteilung, vom 22.2.1945.

13 Ebda., Aktennotiz vom 17.3.1945.

14 Vgl. den ausführlichen Bericht Richard Lottermosers an Kurt Hunscha, den ehem. Leiter der Volkswirtschaftlichen Abteilung vom 16.12.1945, in: HAC/500-E.10035.

15 Bericht von Therese Gerbert und Walter Splettstösser vom 30.8.1945 über die vom 22.8.–29.8.1945 getätigte Fahrt nach Zühlen i.d. Mark, in: HAC/500-50725-2001.BE.

16 Ebda., Bl. 2. Während der Bericht die Unterstützung durch die Bevölkerung lobend erwähnt, findet das Verhalten Lottermosers eine kritische Würdigung – siehe dazu auch das rechtfertigende Schreiben Lottermosers an Hunscha in: HAC/ 500-E.10035 sowie eine weitere Darstellung der Vorgänge in einem Brief Lottermosers an Hans Heilmann, Dresdner Bank, vom 11.11.1947, wo er von einer aus Berlin erhaltenen „Absetzanweisung für den Ernstfall“ spricht, in: HAC/500-110511.

17 Brief Heinrich Stobwasser an die Dresdner Bank vom 11.10.1948, in: HAC/500-110511.

18 Siehe den entsprechenden Schriftwechsel in: ebda.

19 Ebda., Brief Heinrich Stobwasser an Hans Heilmann, Dresdner Bank, vom 5.5.1950.

20 Ebda., Aktennotiz Hans Heilmann vom 11.9.1950. Um die Verhandlungen nicht zusätzlich zu erschweren, hatte die Bank die Unterlagen in das private Eigentum ihres Mitarbeiters Hans Heilmann übertragen, der gegenüber den staatlichen Stellen im eigenen Namen handelte – siehe ebda., Schreiben Hans Heilmann an den Rat des Kreises Neuruppin vom 10.5.1950.

21 Aktennotiz Dr. Hermann Schreyer, DZA Potsdam, vom 24.3.1983, in: HAC/500-11724.

22 Ebda., Vertrag vom 2.11.1992.

23 Ebda., Notiz Hans G. Meyen an Manfred Schaudwet vom 13.6.1991.

24 Wolfram Fischer, WASAG – Die Geschichte eines Unternehmens 1891–1966, Essen 1966, S. 106. Vgl.a. Johannes Preuss u.a., Rekonstruktion des ehemaligen Werkes der deutschen Sprengchemie (DSC) Klietz; unveröffentlichtes Gutachten der Arbeitsgruppe Altlasten des Geographischen Instituts der Johannes-Gutenberg-Universität Mainz für die Oberfinanzdirektion Hannover im Rahmen des Altlastenprogramms Ost der Bundeswehr, Mainz 1994. Ich danke Herrn Prof. Preuss für seine spontane Auskunftsbereitschaft und Unterstützung – MJu.

25 Eidesstattliche Erklärung von Rudolf Eichner und Alfred Fischer über den Verlust von Unterlagen, die auf dem Gelände der ehemaligen Deutschen Sprengchemie GmbH in Klietz/Elbe untergebracht waren vom 10.11.1959, HAC-500/49940-2001.

26 Die Darmstädter und Nationalbank war als Folge der Bankenkrise von 1931 in der Dresdner Bank aufgegangen.

27 Zuvor waren Versuche der Bank, die Unterlagen zurückzuerhalten, ergebnislos verlaufen – siehe hierzu Johannes Bähr, Die Dresdner Bank in der Wirtschaft des Dritten Reichs, München 2006, S. 577.

28 Schreiben Dresdner Bank an Intelligence Office of Chief of Counsel, Office for War Crimes, Berlin-Dahlem, betr. Bergungsfilialen, HAC-500/108203.

29 Schreiben der Organisations-Abteilung an den Leiter des Direktions-Kabinetts Dr. Rudolf Sabath vom 10.8.1942 und Antwort vom 27.8.1942, HAC-500/108204.

30 Schreiben Direktions-Kabinett an die Direktion der Filiale Dresden, 26.2.1941, HAC-500/108206.

31 Entsprechende Auflistungen in HAC-500/108204. Dabei fällt auf, dass die Überlieferung der Darmstädter Bank 1920, im Jahr des Zusammenschlusses mit der Nationalbank für Deutschland zur Darmstädter und Nationalbank (Danatbank) abbricht; entweder waren die historisch höchst interessanten Akten der Jahre 1921–1931 für eine Verfilmung nicht vorgesehen oder 1941 bereits nicht mehr existent; vgl. den ebenfalls ungeklärten Verbleib der Akten der Disconto-Gesellschaft – Harold James, Martin L. Müller (Hrsg.), Georg Solmssen. Ein deutscher Bankier. Briefe aus einem halben Jahrhundert 1900–1956, München 2012, S. 59, Fn. 94.

32 HAC-500/108204.

33 Aktennotiz Erich Heinze, 21.7.1943, HAC-500/108204.

34 Siehe den zugehörigen Schriftwechsel zwischen der Berliner Direktion und den Filialen Reichenberg und Karlsbad in HAC-500/108204.

35 Ebda., Schreiben des Direktions-Kabinetts an die Filiale Reichenberg, 16.4.1945.

36 Siehe den Schriftwechsel des ehemaligen Prokuristen im Direktions-Kabinett Erich Heinze in HAC-500/108204.

37 Heinze an Siems, 4.7.1946, ebda.

38 Abschrift Aktennotiz Direktor Vogt, Zentralstelle Hamburg, Juli 1947, HAC-500/13788-2000. Zur Beschlagnahme und Rückgabe der Dresdner Bank-Akten durch die Alliierten siehe Beitrag von Johannes Bähr in diesem Band.

39 Anton Müller an Erich Heinze, 22.10.1955, ebda.
40 Siehe hierzu Beitrag von Harald Wixforth in diesem Band.
41 Zu den Verhandlungen zwischen Nationalarchiv und Archiv der Dresdner Bank siehe HAC-500/121091 sowie den Vertrag vom 30.5.2007, HAC-500/12192.
42 Siehe Michael Jurk, Auch Akten haben Schicksale, in: Dresdner Banker, Nr. 271 (Sept./Okt./Nov. 2007), S. 90-91.
43 Über die Zusammenführung der Historischen Archive von Dresdner Bank und Commerzbank siehe den Beitrag von Detlef Krause in diesem Band.
44 Erst die Informationsmöglichkeiten des Internets haben diese in Papierform gepflegten Datensammlungen überflüssig gemacht.
45 Eine etwas weniger umfangreiche Sammlung bis in die zwanziger Jahre zurückreichender volkswirtschaftlicher Dossiers – vermutlich aus der Provenienz der Mitteldeutschen Creditbank – konnte erst kürzlich für das Commerzbank-Archiv gesichert werden.
46 HAC-500/12144; die Chronik umfasst die Jahre 1895 bis 1925.
47 Konrad Pfennig, Das Bankarchiv. Ein Beitrag zur Lehre vom Bankbetrieb und vom wirtschaftlichen Nachrichtenwesen (Betriebs- und finanzwirtschaftliche Forschungen, II.Serie, H.2), Berlin 1923, S. 6.
48 Ebda., S. 8; über das Argument einer Entbehrlichkeit des Betriebsarchivs lässt sich allerdings trefflich streiten!
49 Karl Demeter, Private Wirtschaftsarchive in Berlin, in: Archivalische Zeitschrift, 44. Jg. (1936), 3. Folge, Bd.11, S. 104-112, hier S. 104. Die Intervention Demeters ist im Zusammenhang mit dem Versuch des Reichsarchivs im Jahre 1935/36 zu sehen, Einfluss auf die Archivierung des Schriftguts der Wirtschaft zu nehmen – siehe dazu Britta Leise, Die Vereinigung deutscher Wirtschaftsarchivare. Aspekte zur Entwicklung des Archivwesens der Wirtschaft in der Bundesrepublik Deutschland bis 1990 (Archiv und Wirtschaft, Beiheft 3) Köln 2007, S. 27ff.
50 Heinrich Otto Meisner, Urkunden- und Aktenlehre der Neuzeit, Leipzig 1950, S. 89; auf Meisner Bezug nehmend auch Erich Neuss, Aktenkunde der Wirtschaft, Teil I, Berlin 1954, der u.a. auch auf das „nach französischem Vorbild“ aufgebaute „Archiv der Dresdner Bank“ verweist (S. 41).
51 Zur begrifflichen Abgrenzung von Archiv und Dokumentation siehe Evelyn Kroker in: Handbuch der Wirtschaftsarchive. Theorie und Praxis, hrsg.v. Evelyn Kroker u.a., München 1998, S. 2ff. Dem Verfasser ist es während seiner Tätigkeit beim Axel Springer Verlag gelungen, das dortige Text“archiv“ zur Annahme der Bezeichnung Textdokumentation zu bewegen, so dass für die in Gründung befindliche Sammlung der Akten des Verlages die Bezeichnung Unternehmensarchiv gewählt werden konnte.
52 Georg Obst, Bankarchive, in: Bankwissenschaft, 6. Jg. (1929/30), S. 591-598, hier S. 591; es handelt sich hierbei um die überarbeitete Fassung des erstmals in der Zeitschrift für handelswissenschaftliche Forschung, 2. Jg. (1910), H. 12, S. 411-415 abgedruckten Aufsatzes. Eine kurze Beschreibung der entsprechenden Einrichtung einer deutschen Großbank (vermutlich der Deutschen Bank) findet sich bei Georg Bernhard, Berliner Banken (Großstadt-Dokumente, Bd. 8), 5. Aufl., Berlin/Leipzig o.J. (ca. 1905), S. 14f. sowie bei Kohlermann, Aus den Erfahrungen eines Bankarchivars, in: Bankwissenschaft, 8.Jg. (1931/32), H. 19, S. 645-648.
53 Hjalmar Schacht, 76 Jahre meines Lebens, Bad Wörishofen 1953, S. 132ff.
54 Hjalmar Schacht, Einrichtung, Betrieb und volkswirtschaftliche Bedeutung der Großbanken. Zwei Vorträge, Hannover 1912, S. 33.
55 Wie ein um 1900 aufgenommenes Foto zeigt (siehe Abb. auf S. 21), verfügte bereits das Dresdner Stammhaus in der König-Johann-Straße über ein gutes ausgebautes „Archiv“; Benjamin Schäf hat denn auch festgestellt, dass die älteste Akte des Be-

standes bereits im Jahre 1883, also mit großer Wahrscheinlichkeit noch in Dresden angelegt wurde – siehe Schäf, a.a.O., S. 25. Auf einen ähnlichen „Gründungsmythos“ verweist Martin Müller in seinem Aufsatz über die Gründung des Historischen Instituts der Deutschen Bank; danach habe Elise von Siemens, die Ehefrau des Bankchefs Georg von Siemens, die ersten Sammlungen von Zeitungsausschnitten in häuslicher Arbeit angelegt – Martin Müller, The Historical Institute of Deutsche Bank, in: Financial History Review, 4(1997), S. 91-103, hier S. 93f.

56 Eugen Gutmann, Chef der Dresdner Bank, hatte eine Beförderung des Archivars Schacht zum Volldirektor abgelehnt – siehe hierzu Schacht, a.a.O., S. 178f. sowie Hans Fürstenberg, Erinnerungen. Mein Weg als Bankier und Carl Fürstenbergs Altersjahre, Düsseldorf 1968, S. 162f.

57 Entsprach im Kaiserreich z.B. dem Rang eines ordentlichen Professors.

58 Der gesamte Vorgang in: Geheimes Staatsarchiv Preußischer Kulturbesitz, I HA Rep.120, CIX1, Nr. 28, Bd. 7, Bl. 248-253.

59 Geboren am 20.6.1895, seit dem 15.5.1922 Mitarbeiter der Dresdner Bank. Mohrus war neben seiner Leitungstätigkeit auch mit „Sanierungen großer industrieller Engagements“ befasst – Aktennotiz Dr. Lehmann (Rechtsabteilung) an Dir. Gaebelein (Personalabteilung) v. 15.1.1953. Sabath übernahm später die Leitung des Direktions-Kabinetts – siehe Betriebs-Echo, 5. Jg. (1. Febr. 1939), F. 2, S. 46.

60 Detailliert hierzu: Benjamin Schäf, Die volkswirtschaftliche Abteilung und das Archiv der Dresdner Bank 1882–1945 und die Geschichte des Archivbestands nach dem Zweiten Weltkrieg, Diplomarbeit an der FH Potsdam, 2004; S. 31ff.

61 HAC-500/117200.MS; Unterlagen zum Rückerstattungsverfahren siehe HAC-500/11231-2001.MS.

62 Vorstandsprotokoll Nr. 1001, 23.4.1936, Bl. 2, in: HAC-500/11076-2001.

63 Vorstandsprotokoll Nr. 795, 27.6.1935, Bl. 1, in: HAC-500/11073-2001.

64 Schäf, a.a.O., S. 34ff.

65 „Die wirtschaftlichen Kräfte der Welt“, Ausgaben 1916, 1917, 1927 und 1930.

66 Ein Grund hierfür mag sein, dass der Mitbegründer der Bank, Eugen Gutmann, der die Geschicke des Instituts fast 50 Jahre hindurch mit beinahe uneingeschränkter Machtfülle gelenkt hatte, zwei Jahre zuvor aus Altersgründen zurückgetreten war – vgl. hierzu Dieter Ziegler, „Alle Zeit gehört der Bank.“ Der Bankier Eugen Gutmann, Dresden 2009, S. 12f.

67 Das wohl im Auftrag der Bank erarbeitete und im August 1929 abgeschlossene Manuskript trägt den Titel „Dresdner Bank. Ihre Entwicklung von 1872 bis 1914“ und wurde 2005 von der Eugen-Gutmann-Gesellschaft als Band 1 ihrer Schriftenreihe erstmals veröffentlicht. Der besondere Wert dieses Textes besteht vor allem in der Wiedergabe ausführlicher Zitate aus den heute verlorenen Geschäftsunterlagen Eugen Gutmanns. Eine zeitlich anschließende, von Walther Frisch 1959 verfasste Schrift über „Die Dresdner Bank von Versailles bis Hitler“ musste sich dagegen überwiegend auf das Gedächtnis des Verfassers verlassen: „Durch die Zerstörung der Archive waren die meisten Quellen, aus denen man hätte schöpfen können, versiegt“ – a.a.O, unveröffentlichtes MS, Frankfurt/M. 1959, Vorwort, HAC-Bibl.: 3C410; der Geheime Legationsrat Dr. Dr. Walther Frisch (1979–1966) gehörte von 1919 bis 1933 dem Vorstand der Dresdner Bank an.

68 Felix Jüdell, Erfahrung kann man nicht vererben. Dresdner Bank. Ihre Geschichte von 1872 bis 1914. Mit einem Vorwort von Morten Reitmayer (Publikationen der Eugen-Gutmann-Gesellschaft, Bd.1), Dresden 2005, S. 41.

69 Betriebs-Echo, 1. Jg. (1. April 1935), F. 1, S. 8.

70 Eine kleine Sammlung von Artikeln und Pressemitteilungen über Gerhard Müller in HAC-500/119426.MS

71 Betriebs-Echo, 4. Jg. (1. Sept. 1938), F. 9, S. 171-173; (1. Okt. 1938), F. 10, S. 198-202; (1. Dez. 1938), F. 12, S. 268-271; 5. Jg. (1. Febr. 1939), F. 2, S. 45-48; (1. August 1939), F. 8, S. 235-240.

72 Betriebs-Echo, 4. Jg. (1. Sept. 1938), F. 9, S. 171.

73 Ebda.

74 Vgl. Werner Sombart, Die Juden und das Wirtschaftsleben, Leipzig 1911.

75 Siehe das Manuskript in HAC-500/13801-2000 (T83 Roll 96).

76 Encyklopädisches Lexikon für das Geld-, Bank- und Börsenwesen, 2 Bände, Frankfurt/M. 1957; hier Bd. 1, S. 464-475.

77 Hausnachrichten der Volkswirtschaftlichen Abteilung vom 23. Februar 1959.

78 Aus der Geschichte der Dresdner Bank, 1872–1969, Frankfurt/M. 1969.

79 Erich Achterberg, Der Bankplatz Frankfurt am Main. Eine Chronik, Frankfurt/Main 1955. Der Nachlass Achterbergs befindet sich unter der Signatur S1/130 im Frankfurter Institut für Stadtgeschichte; dort auch ein unveröffentlichter biografischer Essay über Carl Goetz sowie eine Kopie von dessen Lebenserinnerungen.

80 Aus dem Archiv entstand 1969 ein gemeinnütziges „Institut für bankhistorische Forschung", dessen Leitung Achterberg bis zum Jahre 1967 inne hatte. Zu Achterberg siehe auch: Michael Hauck (Hrsg.), Albert Hahn. Ein verstossener Sohn Frankfurts, Bankier und Wissenschaftler. Eine Dokumentation, Frankfurt/Main 2009, S. 203.

81 Notiz Vierhub vom 31.12.1965, HAC-500/18169-2000.

82 Vorgesehen hierfür war Kurt Richebächer; Notiz Hunscha vom 14.2.1966, HAC-500/12163.

83 Ebda., Notiz Hunscha für Direktor Vierhub, 15.6.1966.

84 Ebda. In den folgenden Schriftwechseln ist dagegen von einem „Spezialarchiv" die Rede.

85 Ebda.: Notiz Hunscha an Vierhub, 18.4.1967.

86 HAC-500/120058, Notiz Hunscha an Hagenmüller, 20.10.1967.

87 „(…) bin ich der Meinung, dass der Textentwurf weit entfernt von dem Qualitätsniveau ist, das von einer solchen Arbeit erwartet werden muß. Wenngleich einige Passagen sehr beachtenswert sind (…) so fehlt doch vor allem die große Kontur." Dresdner Bank-Chefvolkswirt Reinhard Stößel an das Vorstandsmitglied Karl Friedrich Hagenmüller, 28.7.1970, in: HAC-500/18169-2000; verschiedene Versionen der Texte Hunschas und Achterbergs in: HAC-500/120813, /121073, /121074, /121083 sowie im Nachlass Achterbergs (siehe Fn. 81); dort (Nr. 676) auch ein undatierter Artikelentwurt über „Bank-Archive mit neuen Zielen", der die Bedeutung dieser Einrichtungen für die Forschung zwar nachdrücklich betont, gleichzeitig aber von fehlenden theoretischen Kenntnissen über die Arbeitsweise von Archiven geprägt ist.

88 Siehe hierzu die Vorstellung in der Mitarbeiterzeitschrift WIR, Nr. 35 (Dez. 1972/Jan. 1973), S. 6.

89 Karl Pawek (1906–1983); zu dem wegen seiner nationalsozialistischen Vergangenheit umstrittenen Theoretiker des „Optischen Zeitalters" (1963) siehe Timm Starl, Die Kehrseite der Geschichte. Karl Pawek: Priesterzögling, Zeitschriftenmacher, NSDAP-Anwärter, Kriegsverbrecher, Psychopoath, Ausstellungsmacher, Kulturpreisträger, in: Fotogeschichte, 23. Jg. (März 2003), H. 87., S. 65-68.

90 Konzept Harpprechts in: HAC-500/12163.

91 Chiffren einer Epoche. 100 Jahre – 100 Kontraste. Herausgegeben von der Dresdner Bank anläßlich ihres hundertjährigen Bestehens 1972, Frankfurt/Main 1972. Zur Umstellung der Konzeption siehe Hunscha an Hagenmüller, 7.7.1971, in: HAC-500/18169-2000; hier auch weiterer Schriftwechsel zur Entstehung der Festschrift.

92 Chiffren, a.a.O., Vorwort.

93 Hans G. Meyen, 120 Jahre Dresdner Bank. Unternehmens-Chronik 1872–1992, Manuskriptfassung in HAC-500/121081; die im Vorwort geäußerte Absicht, die eigene Geschichte „gründlicher als bisher aufzuarbeiten", blieb zumindest was die Jahre des Nationalsozialismus anbetrifft, der 2006 publizierten, vierbändigen Studie über „Die Dresdner Bank im Nationalsozialismus" vorbehalten – siehe dazu den Beitrag von Harald Wixforth in diesem Band.

94 Auch nach dem Verbleib dieser Unterlagen sollte erneut recherchiert werden; Hunscha vermutete es (wohl zu Recht) im Besitz des Deutschen Wirtschaftsinstituts in Ostberlin – siehe Hunscha an Vierhub, 15.6.1966, HAC-500/130934: Slg. Bankhistorisches Archiv [BhA] in: HAC-500/130934, Bd.9.

95 Ebda. Das älteste professionell geführte Unternehmensarchiv der deutschen Finanzwirtschaft ist das im August 1961 in Frankfurt gegründete Historische Archiv der Deutschen Bank – siehe Martin Müller, 50 Jahre Historisches Institut der Deutschen Bank, In: Archiv + Wirtschaft, 44(2011), H. 4, S. 160-170. Ihm folgte im Herbst 1969 eine ähnliche Einrichtung bei der Bayerischen Hypotheken- und Wechsel-Bank – siehe Hans Sayle, Das Wirtschaftsarchiv der Bayerischen Hypotheken- und Wechsel-Bank, in: Bankhistorisches Archiv, 2. Jg. (1975), H. 2, S. 53-58, sowie 1988 das Historische Archiv der Commerzbank – siehe Detlef Krause, Das Historische Archiv der Commerzbank, in Archiv + Wirtschaft, 23(1990), S. 52-56. Einen Überblick über die Archive der Kreditwirtschaft bietet der Aufsatz von Thorsten Wehber, Historische Archive von Banken und Sparkassen in Deutschland. Bestandsaufnahme und Perspektiven, in: Archivpflege in Westfalen und Lippe, 62(2005), S. 24-30. Das im Auftrag des Instituts für bankhistorische Forschung (IbF) von Gabriele Jachmich herausgegebene Verzeichnis „Archive der deutschen Kreditwirtschaft", Stuttgart 1998, ist veraltet; weitestgehend aktuell sind dagegen die Angaben zum Bankarchivwesen auf der Homepage des IbF (www.ibf-frankfurt.de) und dem Wirtschaftsarchivportal der Vereinigung deutscher Wirtschaftsarchive (www.wirtschaftsarchive.de/wap).

96 HAC-500/130934, Bd. 9: Slg. BhA

97 Ebda., Rundbrief Nr. 37, August 1966.

98 Ebda., Anhang zum Rundbrief Nr. 37.

99 Es handelte sich dabei um Ursula Gerstenberg und Charlotte von Kraewel, beides langjährige Angestellte der Volkswirtschaftlichen Abteilung – siehe die entsprechenden Personalunterlagen in: HAC-500/120979.

100 Siehe Hunscha an Dir. Hans Rall (Personalabteilung), 15.10.1968, ebda.

101 HAC-Bibliothek: 3 C 420.

102 Siehe hierzu das „Arbeitsprogramm des Bankhistorischen Sekretariats" vom Januar 1973 im Anhang zu den Personalunterlagen Ursula Gerstenberg, ebda.

103 Telefonische Auskunft von Hans G. Meyen, 16.8.2011; Hagenmüller an Hunscha, 3.8.1972, HAC-500/184-2000.

104 WIR, Ausgabe Nr. 133, Nov. 1986, S. 6; die überaus zahlreich eingegangenen Sammlungsstücke bilden bis heute den Grundstock der Dresdner Bank-Sammlungen des Historischen Archivs der Commerzbank – siehe dazu Beitrag von Matthias Kretschmer in diesem Band. Allerdings irrte der Autor des Artikels bei der Altersangabe: das Bankhistorische Sekretariat konnte 1986 nicht auf 30 sondern erst auf 20 Jahre seines Bestehens zurückblicken.

105 Zur Person des für die Geschichte der Dresdner Bank in der Nachkriegszeit wichtigen Vorstandsmitgliedes Hugo Zinßer (1900–1955) siehe die Studie von Ralf Ahrens, Die Dresdner Bank 1945–1957. Konsequenzen und Kontinuitäten nach dem Ende des NS-Regimes, München 2007; dort auch eine Kurzbiographie Zinßers (S. 475).

106 Die Schlagwortlisten zu den Themen „Dresdner Bank" und „Allgemeine Themen"

siehe in HAC-500/Slg. BhA; die Stichwortablagen selbst blieben nach Rückordnung der einzelnen Aktenstücke erhalten. Martin Müller berichtet im Bezug auf die Festschrift zum 100-jährigen Bestehen der Deutschen Bank auf ein ähnliches Problem; auch hier waren die Quellen für den Autoren, den Journalisten Fritz Seidenzahl, nach Pertinenzen vorgeordnet worden – siehe Martin Müller, The Historical Institute, wie Fn. 54, S. 100f.

107 Schon aus diesem Grunde war die von Manfred Pohl vorgeschlagene und kurzzeitig auch praktizierte engere Zusammenarbeit von Dokumentation und Archiv zum Scheitern verurteilt – siehe seinen gleichwohl noch immer informativen Artikel „Dokumentation und Archiv im Bankwesen – Möglichkeiten der Zusammenarbeit" in: Bank-Betrieb, 10 (1970), S. 402-408 sowie Hans-Hermann Stein, Dokumentation, Bibliothek und Archive in der Kreditwirtschaft – Zusammenarbeit und Abgrenzung, in: Bankhistorisches Archiv, 2. Jg. (1976), S. 45-49. Aus Sicht der Wirtschaftsarchive grundsätzlich hierzu die Artikel von Evelyn Kroker über „Archiv, Bibliothek, Dokumentation, Museum – Abgrenzungen und Gemeinsamkeiten" (S. 1-8) und „Verzeichnen und Erschließen" im Handbuch für Wirtschaftsarchive, München 1998, S. 139-174.

108 Aktennotiz Meyen an den Vorstandssprecher Wolfgang Röller und den Leiter des Generalsekretariats Manfred Schaudwet. Als Leiter war Rolf Weigand vorgesehen, der die historischen Bestände bis dahin „nebenher" mit betreut hatte – HAC-500/121346.

109 Dr. Klaus Friedrich, Chefvolkswirt, an den Leiter des Konzernstabs Organisation, 1.4.1993, ebda.

110 Insbesonders die der Volkswirtschaft vorgesetzte Leitung des Generalsekretariats konnte sich mit der vorgeschlagenen Lösung nicht anfreunden – telef. Auskunft Dr. Hans G. Meyen, 16.8.2011.

111 Siehe etwa das Presseecho auf die vom 20.–21. Juni 1997 von der Gesellschaft für Unternehmensgeschichte (GUG) in Frankfurt am Main durchgeführte Tagung über „Unternehmen und Unternehmer im Nationalsozialismus".

112 Siehe dazu den Beitrag von Manfred Schaudwet in diesem Band.

113 Der Vertrag trat am 17.11.1997 in Kraft.

114 Hierzu und zur weiteren Arbeit der Kommission siehe den Beitrag von Harald Wixforth in diesem Band sowie den Aufsatz von Dieter Ziegler, Tradition und Verantwortung der Dresdner Bank, in: Michael Wedell (Hrsg.), Die Bank in der Gesellschaft. Das Engagement der Dresdner Bank, Frankfurt/Main 2009, S. 151-166.

115 Schreiben des Beirats, bestehend aus den Professoren Christoph Buchheim, Saul Friedländer, Harold James, Hans Mommsen, Alice Teichova, an Bernhard Walter, 30.4.1998, HAC-500/121346.

116 Ebda., Notiz über eine Besprechung zwischen Manfred Schaudwet (Leiter Generalsekretariat), Christian Willemer (Chefjusitiar) und Rolf Weigand (Volkswirtschaft/bankhistorisches Archiv), 4.6.1998.

117 Ebda., Aktennotiz Manfred Schaudwet für den Vorstandssprecher Bernhard Walter, 8.10.1998; dort auch die u.a. in der Fachzeitschrift „Der Archivar" veröffentlichte Stellenausschreibung.

118 Organisatorisch gehörte das Historische Archiv zunächst zu den Informationsdiensten der volkswirtschaftlichen Abteilung; nach deren Ausgliederung verblieb es als eigenständiger Bereich im Generalsekretariat – Schaudwet an KS Personal, 10.1. 2000, HAC-500/121346; ab 2002 war das Archiv Teil der Konzernkommunikation.

119 Staatsanzeiger für das Land Hessen, Nr. 52 (27.12.2010), S. 2835. Zur Fusion beider Archive siehe Detlef Krause/Michael Jurk, Integration nach Übernahme. Der Zusammenschluss der Archive von Commerzbank und Dresdner Bank, in: Archiv + Wirtschaft, 46 (2013), H. 1, S. 6-11.

Am 17. Februar 2006 präsentiert die Eugen-Gutmann-Gesellschaft die vierbändige Studie „Die Dresdner Bank im Dritten Reich" in der Berliner Niederlassung der Bank, dem Eugen-Gutmann-Haus.

Bankengeschichte in der Erweiterung – mit Risiken und Nebenwirkungen

Harald Wixforth

I

Anfang 1998 startete die Dresdner Bank AG ein großes Forschungsprojekt zu ihrer Geschichte im Dritten Reich. Damit folgte das zu diesem Zeitpunkt zweitgrößte Kreditinstitut Deutschlands dem Beispiel anderer deutscher Konzerne und ließ ihre Geschichte während des NS-Regimes akribisch aufarbeiten. Nach der Auflösung der alten Machtblöcke in Ost und West, nach dem Wegfall des „Eisernen Vorhangs" und nach der dadurch ermöglichten Aufhebung von Beschränkungen im Zugang zu Archiven in Mittel- und Osteuropa hatten Forscher aus Westeuropa bisher nicht einsehbares Quellenmaterial sichten und auswerten können, erste Ergebnisse publiziert und damit eine neue Debatte über die Rolle der Wirtschaft im NS-System entfacht. Vor diesem Hintergrund verlangten sowohl Verbände von NS-Opfern in Mittel- und Osteuropa, als auch in den Vereinigten Staaten ebenso wie eine zunehmend sensibilisierte Öffentlichkeit in Deutschland ein hohes Maß an Offenheit bei der Erforschung der NS-Geschichte, vor allem bei bisher kaum thematisierten Fragen und Aspekten, welche aus der Verstrickung von Großunternehmen in das NS-Regime resultierten. Neue Ergebnisse zur Rolle der Banken etwa beim Handel mit Raubgold und der Finanzierung von Unternehmen, die am Bau des KZ Auschwitz beteiligt waren, heizten die Stimmung in der Öffentlichkeit weiter an.[1] Diesem Druck konnten sich auch die Banken nicht länger entziehen. Gegen sie erhobene Sammelklagen in den USA und ein im Falle von Prozessen befürchteter Imageschaden im Geschäft mit ausländischen Staaten veranlassten die großen Kreditinstitute in Deutschland und in Österreich, ihre Rolle während der NS-Diktatur endlich gründlich erforschen zu lassen.[2]

Ein weiterer Punkt begünstigte diese Entscheidung: In den 1990er Jahren wurden viele Entscheidungspositionen in der Kreditwirtschaft von Personen besetzt, die jung genug waren, um keine unmittelbaren Berührungspunkte mit der NS-Zeit aufzuweisen. Die neue Führungsriege in den Vorstandsetagen der Kreditwirtschaft konnte daher mit Gelassenheit dem Vorwurf begegnen, eine Auseinandersetzung mit der NS-Zeit sei eine Art von „Nestbeschmutzung“ und schade dem Image und der öffentlichen Reputation eines Kreditinstituts. Stattdessen erkannten sie schnell, dass eine unterlassene Aufarbeitung eher einen Imageschaden hervorrufen könne als eine Untersuchung zur Rolle einzelner Institute im Wirtschaftssystem des Nationalsozialismus. Vor diesem Hintergrund und aus dem Kalkül dosierter Imagepflege heraus waren die großen Kreditinstitute bereit, eigene Historikerkommissionen ins Leben zu rufen und für deren Forschungen Mittel bereit zu stellen.[3]

Diese Entscheidung hatte auch bei der Dresdner Bank Konsequenzen. Sie berief eine Kommission aus Historikern, die zunächst am Dresdner Hannah-Arendt-Institut für Totalitarismusforschung, später unter der Regie der Eugen-Gutmann-Gesellschaft die Rolle des Instituts während der NS-Diktatur untersuchen sollte.[4] Ein weiterer Punkt kam hinzu: Über Jahre hinweg hatte die Bank gegenüber Historikern kolportiert, die Aktenbestände des Instituts seien bei Bombenangriffen auf die Zentrale in Berlin fast vollständig vernichtet worden. Als die Historikerkommission der Dresdner Bank ihre Arbeit aufnahm, stellte sich jedoch schnell heraus, dass das Institut am Mehringdamm in Berlin, in einem ehemaligen Fabrikgebäude eine große Altregistratur unterhielt. Die Bestände dieses sogenannten „Altbankarchivs“ waren zum größten Teil ungeordnet und nicht archivisch erfasst. Dieses Material war daher zu ordnen und in ein Archiv zu überführen, das nach den Kriterien eines modernen Wirtschaftsarchivs organisiert war. Diese Situation erschwerte zunächst die Arbeit der Historikerkommission erheblich. Bei der Erstellung ihres ersten Berichts über den Goldhandel der Dresdner Bank im Zweiten Weltkrieg war es zum Beispiel nicht möglich, eine exakte Bezeichnung einzelner Akten anzugeben. Stattdessen musste so verfahren werden, dass die benutzten Aktenstücke aus der Registratur nach dem ersten Titel des Aktendeckels und nach ihrem Standort am Berliner Mehringdamm zitiert wurden.[5] Die von der Dresdner Bank bei Beginn des Projekts zugesicherte Überprüfung der Forschungsergebnisse durch interessierte Personen von außen wurde durch diesen Sachverhalt ebenso erschwert wie eine spätere schnelle Wiedervorlage der Akten für die Arbeit der Historikerkommission – ein unhaltbarer Zustand sowohl für die Historikerkommission als auch für die Dresdner Bank selber, die beide an einer hohen wissenschaftlichen Qualität der Forschungsarbeiten interessiert waren.

Die Dresdner Bank sah sich daher veranlasst, sowohl die Verhältnisse in ihrer Altaktenregistratur am Berliner Mehringdamm als auch die Verwahrung von Akten und Unterlagen in ihrer Frankfurter Zentrale grundlegend zu verändern. Nach einem Vorstandsbeschluss vom Sommer 1999 wurde ein eigenes Historisches Archiv eingerichtet und die dazu erforderlichen Maßnahmen eingeleitet: Ab Herbst 1999 wurde qualifiziertes Personal eingestellt, geeignete Räumlichkeiten für den Archivbetrieb in Frankfurt angemietet und mit der Verzeichnung der Bestände am Berliner Mehringdamm begonnen. Die Historikerkommission der Dresdner Bank war damit in der Lage, diese Bestände endlich effizient und schnell nutzen zu können.[6]

Für die Dresdner Bank selber bedeutete die Existenz eines Archivs, dass sie ein zentrales Instrument zur Schaffung eines kollektiven Gedächtnisses erhielt. Sowohl für die viel zitierte „corporate governance" des Instituts, als auch für seine „corporate identity" war das neu eingerichtete Archiv von großer Bedeutung. Die Dresdner Bank holte mit diesem Schritt das nach, was andere Institute der Kreditwirtschaft wie etwa die Deutsche Bank, die Kreditanstalt für Wiederaufbau oder das eine oder andere Privatbankhaus bereits zuvor in Gang gesetzt hatten. Mit der Existenz eines geordneten Archivs war es möglich, auf der Basis des verfügbaren Quellenmaterials nicht nur intern Rechenschaft über Entscheidungsfindungsprozesse und unternehmensstrategische Maßnahmen abzulegen, sondern es ließ sich auch die Außendarstellung der Dresdner Bank durch einen Blick in die Vergangenheit verbessern.[7]

Gerade für Banken waren Anciennität und Solidität lange Zeit entscheidende Imagefaktoren, bevor im Zuge einer nachdrücklich vorangetriebenen Internationalisierung des Bankgeschäfts in der ersten Dekade des 21. Jahrhunderts andere Werte und Normen für das Handeln von „Bankern" entscheidend an Bedeutung gewannen – oft mit fatalen Folgen für ihre Institute. Schließlich bot das Archiv der Dresdner Bank der bankhistorischen Forschung im Allgemeinen und der Historikerkommission zur Erforschung der Geschichte der Dresdner Bank im NS-Regime im Speziellen die Möglichkeiten, um die ab der zweiten Hälfte der 1990er Jahre an die Wissenschaft gestellten Fragen zu beantworten. Dabei wurde schnell offenkundig, dass eine Reihe von strittigen und brisanten Fragen sich nur auf der Grundlage des im Archiv deponierten Aktenmaterials beantworten ließen. Die Ergebnisse waren für das Institut zum Teil schmerzhaft, etwa mit Blick auf seine Beteiligung am Handel mit Raubgold, an der „Arisierung" jüdischen Vermögens, der Ausbeutung von Ressourcen in den vom NS-Regime besetzten Gebieten oder bei der engen Zusammenarbeit mit der SS oder mit Firmen, die entscheidend die technischen und die baulichen Anlagen für den Holocaust lieferten. Die Ergebnisse der dazu aufwendig durchgeführten Forschungen fanden bei ihrer Publikation in der Öffentlichkeit eine breite Aufmerksamkeit.[8]

Dennoch ist nicht zu bestreiten, dass sich auf der Grundlage der dazu durchgesehenen Akten eine notwendige Versachlichung der Diskussion erreichen ließ. Schließlich bot das Material für die Forschung auch die Möglichkeit, eine Reihe anderer Themen der deutschen Finanzgeschichte jenseits des Nationalsozialismus eingehend zu behandeln, etwa das Verhältnis des Mutterinstituts zu ihren Affiliationen vom Kaiserreich bis in die Bundesrepublik hinein oder die Biographien von Entscheidungsträgern des Instituts vor dem Hintergrund des wirtschaftlichen Strukturwandels während des 20. Jahrhunderts. Auch die Ergebnisse dieser Studien wurden von der „scientific community" eingehend gewürdigt.[9]

II

Nachdem die Historikerkommission ihre Arbeit aufgenommen hatte, stellte sich relativ schnell heraus, dass einige Archivbestände, welche Aufschluss über die Expansion der Dresdner Bank in Europa in der Zeit von 1938 bis 1945 gaben, nicht in Deutschland lagerten, sondern in Archiven in Mittel- und Osteuropa. Dies betraf zum Beispiel Material zur Böhmischen Escompte-Bank und Creditanstalt, deren Filialen im Sudetenland der Dresdner Bank im Zuge der Neuordnung der dortigen Kreditwirtschaft im Herbst/Winter 1938/39 zugesprochen wurden, bevor die Zentrale in Prag samt den noch verbliebenen Niederlassungen im Frühjahr 1939 nach der Okkupation der Ersten Tschechoslowakischen Republik ebenfalls der Dresdner Bank zufiel. Es betraf aber auch Archivmaterial polnischer Archive, aus denen sich die Rolle der Dresdner Bank und ihrer Affiliationen im besetzen Polen erschließen ließ.[10] Um dieses Material zu sichten, waren eingehende Recherchen in tschechischen, polnischen aber auch russischen Archiven erforderlich. Die dazu erforderlichen Reisen waren keineswegs von der Dresdner Bank gut bezahlte Abenteuertrips mit hohem Spaßfaktor, so wie weiland von Kritikern des gesamten Forschungsprojekts wie etwa Götz Aly behauptet, sondern anstrengende und teilweise auch nicht ungefährliche Aufenthalte in Moskau, Prag, Kattowitz oder Krakau.[11] Sie förderten eine Fülle von Material zur Bankengeschichte des NS-Regimes zutage, waren für die beteiligten Mitglieder der Historikerkommission aber nicht immer ohne Risiken und Nebenwirkungen.

Die intensiven Forschungen in den Prager Archiven, etwa dem Tschechischen Staatlichen Zentralarchiv oder dem Archiv der Tschechischen Nationalbank, führten ohne Zweifel zu positiven Effekten. Die Zusammenarbeit und der Dialog mit tschechischen Kollegen, die für die Historikerkommission der Tschechischen Republik ähnlich gelagerte Untersuchungen zur Besatzungsherrschaft im Protektorat Böhmen und Mähren durchführten, intensivierte sich und erwies sich als außerordentlich fruchtbar. Mancher Hinweis auf bisher noch nicht erschlossene und verzeichnete Archivbestände lässt sich darauf zurückführen. Die Forschungen zur Geschichte der Dresdner Bank und ihrer Affiliationen während des NS-Regimes brachten somit eine enge Kooperation unter Historikern Deutschlands und Tschechiens hervor, halfen aber auch, bestehende Informationsasymmetrien abzubauen.[12] Mitglieder der Historikerkommission der Dresdner Bank erhielten sowohl im Archiv der Tschechischen Nationalbank, als auch im Tschechischen Staatlichen Zentralarchiv Einblick in Aktenbestände, die sonst nicht zugänglich waren. Umgekehrt erhielten Mitglieder der Historikerkommission der Tschechischen Republik die Erlaubnis, unter anderem die Bestände des Historischen Archivs der Dresdner Bank für ihre Forschungen zu nutzen. Dadurch ließ sich für beide Seiten eine Quellendichte erreichen, die eine solide empirische Grundlage für ihre Publikationen schuf. Andere Historikerkommissionen konnten nicht auf derart günstige Forschungsbedingungen zurückgreifen.[13]

Dem vergleichsweise intensiven Informationsaustausch war es zu verdanken, dass Nachrichten über bisher nicht zugängliche Quellenbestände relativ schnell Mitgliedern der Historikerkommission der Dresdner Bank zugespielt wurden. So war etwa bereits im Sommer 2000 zu hören, dass bisher nicht erfasste Aktenbestände zu einer der führenden Banken der ersten Tschechoslowakischen Republik, der Böhmischen Union-Bank, in einem Depositum des Tschechischen

Staatlichen Zentralarchivs bzw. des Finanzministeriums in der böhmischen Stadt Kladno lagern würden. Elektrisierender, aber auch alarmierender war jedoch die bei einem gemeinsamen Bier mit tschechischen Kollegen im Herbst 2002 eher zufällig lancierte Nachricht, Quellenmaterial zur Böhmischen Escompte-Bank und Creditanstalt (Bebca) läge in der Krypta der Kirche Svaty Mikolas auf der Prager Kleinseite. Diese an sich verheißungsvolle Nachricht besaß jedoch einen tragischen und traurigen Aspekt. Im August 2002 war auch Prag von der „Jahrhundertflut" heimgesucht worden. Die in der Krypta lagernden Aktenbestände waren dabei ebenfalls durchnässt, zum Teil sogar vernichtet worden. Für die historische Forschung waren die geretteten Bestände für eine längere Zeit nicht zu benutzen.[14]

Dennoch versuchten Mitglieder der Historikerkommission der Dresdner Bank zusammen mit dem Leiter des Historischen Archivs sofort, alle Möglichkeiten auszuloten, diese Bestände zu sehen. Alle Bitten, sich selbst in der Krypta ein Bild von dem Aktenmaterial bzw. von den räumlichen Verhältnissen zu machen, wurden jedoch negativ beantwortet. Bei einem Besuch im Sommer 2004 versuchte man auf eigene Faust in die Krypta vorzudringen. Es blieb allerdings beim Versuch, der an einer großen schwarzen Stahltür scheiterte, welche die Krypta vom restlichen Kellergewölbe trennte und trotz aller gemeinsamen Bemühungen nicht zu öffnen war. Was blieb, war der modrig muffige Geruch, der unter dieser Tür hervordrang und bei jedem kenntnisreichen Archivar die Sorge hervorrief, hier würde Papier verfaulen. Dennoch blieb nichts anderes übrig, als unverrichteter Dinge die Kellergewölbe wieder zu verlassen.

Das noch zu rettende Aktenmaterial aus der Krypta wurde dagegen in der Tat in das neue Tschechische Staatliche Zentralarchiv nach Prag Chodovec gebracht und dort nach den einschlägigen Verfahren getrocknet und restauriert. Dies nahm naturgemäß längere Zeit in Anspruch. Daher ließ sich dieses Material für die Erstellung der großen Studie über die Dresdner Bank im Dritten Reich nicht mehr verwenden. In welchem Umfang es für die historische Forschung derzeit zur Verfügung steht, lässt sich nicht eindeutig klären, da auch in neueren Publikationen zur Rolle der Banken in der Wirtschaft des Protektorats Böhmen und Mähren nur begrenzt Material zur Bebca benutzt wird. [15]

Am 30. Mai 2007 unterzeichnen Dr. Andreas Graul, Michael Jurk (Historisches Archiv der Dresdner Bank) und Dr. Eva Drašarová (Leiterin Tschechisches Nationalarchiv) einen Kooperationsvertrag zur Restaurierung und Digitalisierung der in Prag lagernden Filme mit Vorstands- und Aufsichtsratsprotokollen.

Die gute Kooperation mit tschechischen Bankenhistorikern brachte dem Archiv der Dresdner Bank dennoch einen unmittelbaren Nutzen. Bei dem Besuch eines Mitglieds der Historikerkommission im Tschechischen Staatlichen Zentralarchiv im Februar 2002 wurden nach einem Hinweis eines tschechischen Kollegen dort Mikrofilme entdeckt, welche Vorstands- und Aufsichtsratsprotokolle der Dresdner Bank, aber auch der Darmstädter Bank enthielten. Im Zuge der Verlagerung von Aktenbeständen hatte der Vorstand der Dresdner Bank im Frühjahr 1944 angeordnet, diese Protokolle verfilmen zu lassen. Die Filme waren danach im Zuge der Verlagerung und aus Sicherheitsgründen in das sudetenländische Reichenberg (Liberec) und dann nach Karlsbad gebracht worden, von wo aus sie dann in das Tschechische Staatliche Zentralarchiv gelangten. Nach intensiven Verhandlungen ließ sich im Spätsommer 2004 eine Vereinbarung erreichen, wonach diese – inzwischen brüchigen Filme – auf Kosten der Dresdner Bank restauriert und digitalisiert wurden. Inzwischen steht diese wichtige Quelle der bankhistorischen Forschung im Historischen Archiv der Commerzbank in der Abteilung Dresdner Bank zur Verfügung.[16]

III

Ex oriente lux – auch für die diversen Historikerkommissionen, welche die Rolle von Unternehmen während der NS-Diktatur erforschen sollten, schien ab Ende der 1990er Jahre das sie erhellende Licht aus dem Osten zu kommen, konkret aus dem lange Zeit Geheimnis umwobenen „Sonderarchiv“ in Moskau, dem heutigen Russischen Staatlichen Militärarchiv (Rossiskij Gosudarstvennyj Voennyj Archiv ve Moskve).[17] Anfang der 1990er Jahre drangen erste Nachrichten über die Existenz dieses Archivs und seine Bestände in den Westen. Seitdem mehrten sich die Gerüchte, dass viele Aktenbestände, die seit dem Ende des Zweiten Weltkriegs in Deutschland als verschollen oder als vernichtet galten, hier lagern würden. Eine erste intensive Recherche von Götz Aly und Susanne Heim im Frühjahr 1992 brachte Klarheit: In der Tat lagerten in einem speziellen Archiv der russischen Archivverwaltung am Stadtrand von Moskau ca. 1,5 Millionen Akten deutscher Herkunft und eine weitere Million Akten ausländischer Provenienz, die vor allem während des Zweiten Weltkriegs vom deutschen Herrschaftsapparat in den besetzten Gebieten erbeutet worden waren. Zu einem großen Teil waren diese Akten zunächst in den Besitz des Reichssicherheitshauptamtes gelangt, um diese für spätere Dokumentationen oder Forschungen zu nutzen. Zusammen mit den 1,5 Millionen Akten deutscher Herkunft, vor allem Akten aus den Berliner Ministerien und von Interessenverbänden, wurden diese Akten durch die von der sowjetischen Militäradministration eingesetzten Trophäenkommission im Sommer und Herbst 1945 konfisziert, gesammelt und in Eisenbahnzügen nach Moskau gebracht, wo sie in einem speziellen, von deutschen Kriegsgefangenen erbauten Archivkomplex gelagert und später verzeichnet wurden. Dies betraf jedoch nur einen Teil der hierhin verbrachten Bestände, während ein anderer Teil wohl bis heute unverzeichnet im Archiv liegt und dort nur über eine spezielle Abgabenkartei zu erschließen ist.[18]

Erste Recherchen von Historikerkommissionen aus der Versicherungswirtschaft zeigten, dass die in die Bestände des Moskauer Archivs gesetzten Erwartungen noch übertroffen wurden. Selbst vergleichsweise kurze Aufenthalte in Moskau und im „Sonderarchiv“ im Herbst 1998 und im Frühjahr 1999 brachten eine Fülle von bisher nicht bekanntem Aktenmaterial zur Geschichte des NS-Regimes zutage. Schnell sprach sich in der „scientific community“ herum, dass die

Bestände des Sonderarchivs für die Forschung zur Rolle von Unternehmen in der NS-Diktatur unverzichtbar waren, auch wenn sich nicht wirklich unternehmensspezifisches Aktenmaterial, etwa zu Daimler-Benz, der Allianz oder den Großbanken finden ließ. Als zentral für die Klärung von Fragen, die auf der Grundlage der in deutschen Archiven verfügbaren Akten nicht zu beantworten waren, erwiesen sich im „Sonderarchiv" vor allem die Bestände (Fonds) 700 (Vierjahresplan-Behörde) und 1458 (Reichswirtschaftsministerium). Während der erste Bestand mit ca. 140 Akteneinheiten vergleichsweise überschaubar war und sich in einer begrenzten Zeit gut durcharbeiten ließ, erwies sich der zweite Bestand mit gut 14.000 Akteneinheiten, aufgegliedert nach 53 einzelnen Findbüchern, einerseits als ein „Eldorado" für neue Funde und Erkenntnisse, andererseits als kaum zu bewältigen angesichts der Fülle an Akten.[19] Hinzu kam, dass für die Orientierung in den Beständen keine deutschsprachigen Findmittel existierten, was die Arbeit zusätzlich deutlich erschwerte. Vor diesem Hintergrund begann eine Art von Wettlauf unter den einzelnen Historikerkommissionen und ihren Auftraggebern, wer am schnellsten über möglichst viele Informationen zu den Moskauer Aktenbeständen verfügte.[20]

Von den privaten Auftraggebern kann die Historikerkommission der Dresdner Bank und ihre Mitglieder für sich in Anspruch nehmen, bis 2012 am häufigsten Bestände des „Sonderarchivs" eingesehen zu haben, allen vorherigen negativen Meldungen über die schwierigen Arbeitsbedingungen in diesem Archiv zum Trotz.[21] Denn diese Meldungen erwiesen sich schnell als übertrieben. Weder war es im Frühjahr oder im Herbst im „Sonderarchiv" zu kalt, da doch ausreichend geheizt wurde, noch war die Betreuung im Archiv unkooperativ oder unfreundlich. Wer sich an die Usancen der Archivbenutzung hielt, wurde korrekt und zuvorkommend bedient. Dagegen ließen die hygienischen Zustände auf der lange Zeit einzigen Toilette des Archivs bis zu einer größeren Renovierung 2001 zu wünschen übrig. Zudem blieb die Verpflegung vor allem während der Mittagszeit ein ungelöstes Problem, da weit und breit kein Imbiss oder Kiosk aufzufinden war. Nur wer morgens ein herzhaftes russisches Frühstück zu sich genommen hatte, konnte die harte und konzentrierte Arbeit im Archiv bis in den Nachmittag hinein überstehen. Als wahrhaft prohibitiv erwiesen sich vor allem die Preise, die für Kopien aus dem Archiv zu entrichten waren. Ein Dollar pro Seite war zu zahlen. Wer eine Expresslieferung beanspruchte, das heißt die angefertigten Kopien gleich mitnehmen wollte, musste sogar 1,50 Dollar entrichten. Angesichts dieser Preise fiel die Entscheidung nicht immer leicht, wie viele Seiten aus einer eigentlich hoch interessanten Akte zu kopieren waren. Die einzelnen Mitglieder der Historikerkommission haben sich dennoch dafür entschieden, wenn eben möglich das Maximum duplizieren zu lassen. Ergebnis war eine dichte Quellenbasis, um einzelne Aspekte zur Geschichte der Dresdner Bank während des NS-Regimes detailliert darstellen zu können. Der Vorstand der Bank in Frankfurt musste sich derweil mit der Vorstellung trösten, die Dollar-Transfers nach Moskau seien auch ein nicht zu unterschätzender Beitrag für den Aufbau des maroden russischen Archivwesens oder gar für die Revitalisierung der sich von 1998 bis 2001 in einer Krise befindenden russischen Wirtschaft.[22]

Die Ausgaben für Reisen und Kopien trugen aber ebenso reichen Ertrag wie die eingehenden Recherchen im Sonderarchiv. Die vierbändige Studie über „Die Dresdner Bank im Dritten Reich" basiert auf einer ungleich breiteren Quellen- und Materialgrundlage als Untersuchungen konkurrierender Banken. Das Institut konnte daher für sich in Anspruch nehmen, tatsächlich seine Rolle während des NS-Regimes rückhaltlos ausgeleuchtet zu haben.[23] Die Recherchen in Moskau besaßen zudem auch für das Historische Archiv der Dresdner Bank einen positiven Nebenaspekt. Einige Akten aus dem Bestand 1458 (Reichswirtschaftsministerium) des Sonderarchivs liegen heute in Kopie im Historischen Archiv der Dresdner Bank bzw. dem Historischen Archiv der Commerzbank, Abteilung Dresdner Bank und sind dort eine willkommene Ergänzung der Bestände.[24]

Während die Recherchen in Moskau für die Historikerkommission der Dresdner Bank im Speziellen und für die bankhistorische Forschung im Allgemeinen zu den erhofften Resultaten führte, der Aufenthalt in Moskau selbst sogar weniger aufwendig war als anfangs befürchtet, wiesen die Reisen dorthin ein gewisses Risikopotenzial auf. Überfälle auf den Expresszug von Berlin nach Moskau und retour waren zu dieser Zeit an der Tagesordnung, vor allem im Bereich der Warschauer Bahnhöfe oder in Ostpolen. Als besonders unangenehm stellten sich die Grenzübertritte von Weißrussland nach Polen in der verschlafenen Grenzstation Brest na Buge (Brest am Bug) heraus. Gleich bei der ersten Rückreise aus Moskau im Herbst 1998 ließ eine besonders diensteifrige weißrussische Zöllnerin, gekleidet in einem hellblauen Minikleid und schwarzen Pumps, aber begleitet von zwei

Kollegen mit gezückter Kalaschnikow, bei der beabsichtigten Ausreise nach Polen die Taschen eines Mitgliedes der Historikerkommission sorgfältig überprüfen, d.h. durchwühlen. Dort fand sie nicht – wie vielleicht erwartet – Drogen oder anderes Schmuggelgut, sondern Kopien aus den Akten des „Sonderarchivs." Ihr besonderes Misstrauen erregten dabei die Dienststempel der Berliner Ministerien, inklusive der dazu gehörenden Hakenkreuze. Kurzerhand erklärte sie diese Kopien zum wichtigen Kulturgut der Russischen Föderation, deren Ausfuhr strafbar sei. Nur mit Mühe gelang es, sie auf der Grundlage der erforderlichen Papiere und der bezahlten Rechnungen davon zu überzeugen, dass diese Kopien korrekt angefertigt und bezahlt waren, so dass einer Ausfuhr eigentlich nichts im Wege stand. Die Zöllnerin verlangte jedoch, dass ein amtlich bestellter Gutachter sich von dem Inhalt der Kopien und von der korrekten Aushändigung an die Historikerkommission der Dresdner Bank überzeugen müsse, was nachts um halb zwei in Brest schier unmöglich war. Ihr Plazet zum Grenzübertritt und zur Weiterfahrt hing von dem Testat eines solchen Gutachters ab. Die resolute Beamtin erkundigte sich daraufhin nach dem Familienstand des so arg überprüften Probanden, offenbar in der Intention, ihr eher tristes Dasein in einem verschlafenen weißrussischen Grenzort durch ein wohl geordnetes Leben im bundesdeutschen Konsumparadies einzutauschen, sollte sich eine Eheschließung herbeiführen lassen. Diese Hoffnung erwies sich für sie jedoch als trügerisch, da der über alle Maßen gefilzte Historiker aus deutschen Landen den vermeintlichen weiblichen Reizen der Zöllnerin zu widerstehen vermochte und eine Eheschließung kategorisch ablehnte. Eine kurzfristige Verschärfung der ohnehin angespannten Situation war die Folge. Alle Probleme ließen sich indes kurz vor Weiterfahrt des Moskau-Berlin-Express durch eine großzügige Barzahlung in Höhe von 50 Dollar aus der Welt schaffen. Der Weiterfahrt inklusive Kopien stand jedenfalls auf einmal nichts mehr im Wege. Für das Mitglied der Historikerkommission blieb damit nur die Frage, wie die Zuwendung an die Zöllnerin bei der Reisekostenabrechnung am Dresdner Hannah-Arendt-Institut zu behandeln sei, während man sich in der Zentrale der Dresdner Bank in Frankfurt in der Gewissheit wähnen konnte, durch diese Zuwendung den Konsum durch diensteifrige aber auch korrupte weißrussische Beamte gesteigert zu haben.[25]

Vorfälle wie diese waren auf den Reisen nach Moskau und zurück in Brest keine Seltenheit. Die Bandbreite reichte dabei von willkürlich vorgenommenen Razzien im Zug aufgrund von Drogen- und Waffenschmuggel, von Übergriffen auf Reisende wegen Mädchenhandels bis hin zur Verhaftung wegen angeblicher Verstöße gegen die Einreisebestimmungen der Weißrussischen Republik infolge nicht ausreichender Transitdokumente. Inzwischen gehören diese Erlebnisse und Erkenntnisse ebenso zur besonnten und verklärten Vergangenheit wie die gesamte Geschichte des Projekts über die Dresdner Bank im Dritten Reich. Selbst die Dresdner Bank ist inzwischen Geschichte. Was bleibt daher für nachfolgende Generationen? Ein vierbändiges, sehr detailliert und aufwendig recherchiertes Werk zur Geschichte der Dresdner Bank während der NS-Diktatur als Forschungsleistung, sowie ein modernes und leistungsfähiges Archiv als Basis für weitere, hoffentlich intensive bankhistorische Forschungen.

Anmerkungen

1 Siehe u.a.: „Die Dresdner Bank hat ohne erkennbare Bedenken Beutegold verkauft", in: Frankfurter Allgemeine Zeitung vom 30.1.1999; „Wir müssen die Deutschen anbetteln – Seit fünf Jahren können ehemalige Zwangsarbeiter aus der Ukraine Hilfe beantragen", in: Die Welt, vom 6.2.1999; „Zahlt die Deutsche Bank 500 Millionen Mark? – Separat-Abkommen mit Holocaust-Opfern angestrebt", in: ebenda; Mathias Döpfner, „Schuld und Macht", in: ebenda. Eine erste zusammenfassende kritische Darstellung zur Rolle der Großbanken in der NS-Diktatur findet sich in Michael Hepp / Stiftung zur Sozialgeschichte des 20. Jahrhunderts (Hg.), Deutsche Bank und Dresdner Bank – Gewinne aus Raub, Enteignungen und Zwangsarbeit 1933–1944, ursprüngliche Fassung Bremen 1999.

2 Dieter Ziegler, Tradition und Verantwortung der Dresdner Bank, in: Michael Wedell (Hg.), Die Bank in der Gesellschaft, Frankfurt 2009, S. 152/53, Klaus-Dietmar Henke, Anschuldigung und Selbstverharmlosung: Das historische Image der Dresdner Bank nach 1945, in: ders., Die Dresdner Bank 1933–1945. Ökonomische Rationalität, Regimenähe, Mittäterschaft. (Die Dresdner Bank im Dritten Reich, Bd. 4), München 2006, S. 1-10.

3 Henke, Anschuldigung und Selbstverharmlosung, S. 10. Konkret zu internen Diskussionen in Führungsgremien und zum Problem der personellen Kontinuität bei der Dresdner Bank nach dem Ende des Zweiten Weltkriegs: Ralf Ahrens, Die Dresdner Bank 1945–1957. Konsequenzen und Kontinuitäten nach dem Ende des NS-Regimes, München 2007, vor allem S. 114-131. Mit Blick auf die Verhältnisse in Österreich: Oliver Rathkolb, Die ungeschriebene Geschichte. Creditanstalt-Bankverein und die Österreichische Länderbank und die Entschädigung bzw. Restitution von Vermögenswerten jüdischer Kunden und Kundinnen nach 1945, in: Gerald D. Feldman, Oliver Rathkolb, Theodor Venus u. Ulrike Zimmerl, Österreichische Banken und Sparkassen im Nationalsozialismus und in der Nachkriegszeit, München 2006, Bd. 1, vor allem S. 685-701.

4 Henke, Anschuldigung und Selbstverharmlosung, S. 2-8; ders., Vorwort des Herausgebers, in: Johannes Bähr, Die Dresdner Bank in der Wirtschaft des Dritten Reiches (Die Dresdner Bank im Dritten Reich, Bd. 1), München 2006, S. IX.

5 Johannes Bähr, Der Goldhandel der Dresdner Bank im Zweiten Weltkrieg. Ein Bericht des Hannah-Arendt-Instituts für Totalitarismusforschung e. V., Leipzig 1999. In diesem Bericht werden daher viele Akten – unter archivalischen und wissenschaftlichen Gesichtspunkten eher grenzwertig – wie im folgenden Beispiel zitiert: AADrBk (Altbankarchiv der Dresdner Bank), 2. Stock, Depotbücher, Depot 2, Filialen H-Z. Siehe dazu Bähr, Der Goldhandel der Dresdner Bank, S. 39, Fussnote 75.

6 Zur Entstehung des Dresdner Bank-Archivs siehe Johannes Bähr u. Harald Wixforth, Unternehmensgeschichte, Unternehmenskultur und Unternehmensarchive – Das Beispiel der Dresdner Bank, in: Archiv und Wirtschaft, 33. Jg. (2000), Heft 4, S. 158/59, sowie die Beiträge in diesem Band.

7 Bähr u. Wixforth, Unternehmensgeschichte, S. 159-161. Zu den Beständen des Dresdner Bank-Archivs, zu ihrer Entstehung und zu ihrer Verlagerung in das Archiv siehe die Beiträge in diesem Band.

8 Siehe etwa Bähr, Der Goldhandel der Dresdner Bank.

9 Siehe dazu exemplarisch die von der Eugen-Gutmann-Gesellschaft herausgegebenen Studien: Andreas Graul, Gustav und Victor von Klemperer. Eine biographische Skizze, Dresden 2005; Friederike Sattler, Ernst Matthiensen. Ein deutscher Bankier im 20. Jahrhundert, Dresden 2009; Harald Wixforth, „unserer lieben ältesten Tochter". 150 Jahre Bremer Bank. Eine Finanz- und Wirtschaftsgeschichte der

Hansestadt Bremen, Bremen 2006; Ralf Ahrens / Johannes Bähr, Jürgen Ponto. Bankier und Bürger, München 2013. Auf die Vielzahl anderer Studien, die mit Hilfe von Quellenmaterial aus dem Archiv der Dresdner Bank angefertigt wurden, kann hier im Einzelnen nicht hingewiesen werden.

10 Dazu ausführlich Harald Wixforth, Die Expansion der Dresdner Bank in Europa (Die Dresdner Bank im Dritten Reich, Bd. 3), München 2006, vor allem S. 55-395.

11 Siehe etwa Götz Aly, „Moderner Ablasshandel – die Studie über die Dresdner Bank im Dritten Reich versackt im eigenen Fett" in: Berliner Zeitung vom 27.2.2006.

12 Dazu zählten auch verschiedene Tagungen, die in Prag zu diesem Themenkomplex stattfanden. Vom 13.–15. November 2000 veranstaltete etwa das Forschungsinstitut Theresienstädter Initiative in Verbindung mit dem Jüdischen Museum in Prag einen internationalen Workshop zum Thema: „Die Arisierung und die Vernichtung der Juden im Protektorat Böhmen und Mähren." Am 24. September 2004 führte die Gesellschaft für mitteleuropäische Banken- und Sparkassengeschichte in Verbindung mit dem Institut für Wirtschafts- und Sozialgeschichte der Karls-Universität Prag einen Workshop zum Thema: „Das Bankwesen in Mitteleuropa während des Nationalsozialismus – neue Quellenbestände und neue Forschungsperspektiven" durch. Auf beiden Veranstaltungen diskutierten Experten der Banken- und Finanzgeschichte die Rolle der Kreditwirtschaft während des NS-Regimes.

13 Dies gilt vor allem für die Historikerkommission der Deutschen Bank, die nur unzureichend auf Quellenmaterial aus tschechischen Archiven zurückgreifen konnte oder wollte. Siehe zum Beispiel Harold James, Die Deutsche Bank im Dritten Reich, München 2003.

14 Vor der Umsiedlung in das neue Archivgebäude in Prag Chodovec befand sich das Tschechische Nationalarchiv auf der Prager Kleinseite in der Karmelitska. Von dort aus waren es nur wenige Schritte bis zur Kirche Sv. Mikula, so dass die sich die Archivleitung offenbar entschlossen hatte, noch nicht verzeichnete Bestände in deren Krypta zu lagern.

15 Vgl. u.a. Drahomír Jančik, Eduard Kubů u. Jiři Šouša, „Arisierungsgewinnler". Die Rolle der deutschen Banken bei der „Arisierung" und der Konfiskation jüdischer Vermögen im Protektorat Böhmen und Mähren (1939–1945), Wiesbaden 2011.

16 Sie bilden die Bestände HAC-500/126: Vorstand Dresdner Bank (1872–1944), HAC-500/135: Aufsichtsrat Dresdner Bank (1872–1944) und HAC-500/189: Bank für Handel und Industrie (Darmstädter Bank), Aufsichtsrat und Vorstand (1853–1912). Siehe hierzu Beitrag von Michael Jurk in diesem Band.

17 Ursprünglich war der Name des Archivs „Zentrales Geheimes Staatsarchiv Moskau / Sonderarchiv".

18 Dazu ausführlich: Götz Aly u. Susanne Heim, Das Zentrale Staatsarchiv in Moskau („Sonderarchiv"). Rekonstruktion und Bestandsverzeichnis verschollen geglaubten Schriftguts aus der NS-Zeit, Düsseldorf 1993, S. 7-12. Angeblich kam von den ursprünglich drei Eisenbahnzügen mit Akten und mit Ziel Moskau einer infolge von heftigem Regen und Morast nur bis Kiew, wo er entladen und die Akten in ein Aktendepositum in der Nähe der Stadt verbracht wurden. Diese Akten sind bis heute trotz intensiver Nachforschung nicht wieder aufgetaucht. Daher konnte auch nicht geklärt werden, ob und inwieweit die Informationen über das Schicksals des einen Eisenbahnzuges und seine Fracht zutreffend sind.

19 Einen ersten Überblick über Bestände des Fonds 1458 des RGVA Moskau präsentierten Barbara Eggenkämper, Marian Rappl u. Anna Reichel, Der Bestand Reichswirtschaftsministerium im Zentrum für die Aufbewahrung historischer-dokumentarischer Sammlungen (Sonderarchiv) in Moskau, in: Zeitschrift für Unternehmensgeschichte, 43. Jg., Nr. 2/1998, S. 227-235.

20 Erstaunlicherweise ist es bis ins Jahr 2013 hinein nicht gelungen, die Findmittel zumindest der zentralen Bestände aus dem „Sonderarchiv“ komplett ins Deutsche zu übertragen und für die Forschung zugänglich zu machen. Erst im Sommer 2013 begann man damit, die einzelnen 53 Findbücher einzuscannen und sie mit erheblichen Kosten ins Deutsche übersetzen zu lassen.

21 Häufiger wurde das Archiv von der Historikerkommission der Republik Österreich frequentiert. Diese Kommission hatte jedoch eine Reihe von Mitarbeitern für längere Zeit in Moskau vor Ort, so dass sie ihre Forschungen an einem Stück über mehrere Wochen und Monate hinweg durchführen konnten.

22 Der Autor dieses Beitrags, der für die Abrechnung der Kopien mit der Verwaltung des Sonderarchivs ebenso zuständig war wie für den zu dieser Zeit schwierigen, da an strenge Devisenbestimmungen gebundenen Transfer der Dollars nach Moskau, erhielt vor diesem Hintergrund von dem für die Betreuung des Projekts zuständigen Generalbevollmächtigten des Vorstands den Namen „Dollar-Harry“ .

23 Die Studie zur Deutschen Bank im Dritten Reich ist dagegen in weiten Teilen oberflächlich oder irreführend, eine genauere Gesamtschau zur Commerzbank fehlt bis heute vollständig. Siehe James, Deutsche Bank im Dritten Reich: Mit Blick auf die Commerzbank siehe die Beiträge in dem Sammelband: Ludolf Herbst u. Thomas Weihe (Hg.), Die Commerzbank und die Juden 1933–1945, München 2004.

24 So etwa die Akte HAC-500/117049, Vorschlag zur Umgestaltung des deutschen Bankensystems mit Hilfe einer organischen Zerlegung der Dresdner Bank. (Ursprünglich RGVA Moskau, Fond 1458, Findbuch 1, Akte 1076).

25 Eine ähnliche Situation musste auch ein Mitglied der Historikerkommission der Deutschen Bank auf dem Moskauer Flughafen Scheremetjewo überstehen.

In einer ehemaligen Sarottifabrik im Berliner Stadtteil Kreuzberg lagerten seit Ende der 1950er Jahre die Akten der bei Kriegsende aufgelösten Dresdner Bank, der sogenannten Altbank.

Auch Akten haben ihre Schicksale

Die Überlieferung der Dresdner Bank-Akten aus der NS-Zeit*

Johannes Bähr

Die meisten der heute überlieferten Akten der Dresdner Bank aus der Zeit der Weimarer Republik und des Dritten Reichs sind nicht aufgrund einer archivarischen Erfassung erhalten geblieben. Sie befanden sich nicht etwa im damaligen Volkswirtschaftlichen Archiv der Bank, sondern waren das, was der Historiker gerne mit der Quellenkategorie der „Überreste" benennt. Es handelte sich schlichtweg um die nach Kriegsende vorhandenen und erhalten gebliebenen Geschäftsakten, die zum Teil bis Anfang der 1930er Jahre zurückreichen. Hinzu kamen zur Aufbewahrung vorgesehene Dokumente wie Konsortialverträge und Personalakten.

Schon während des Krieges wurden die Akten der Dresdner Bank-Zentrale in der Berliner Behrenstrasse auf zahlreiche Standorte verteilt. Nach den ersten schweren Luftangriffen auf Berlin verlegte die Bank im Dezember 1943 Teile ihrer Zentrale an weniger gefährdete Standorte. Auf der Leitungsebene wurden die Vorstandsgruppen Ost (Dresden/Breslau), West (Bad Nauheim) und Süd (München) gebildet. Einzelne Abteilungen wurden unter anderem nach Dresden und Würzburg ausgelagert. Im Mai 1944 befanden sich die zentralen Abteilungen der Bank einschließlich der Vorstandsgruppen mit ihren jeweiligen Geschäftsakten an 14 Standorten.[1]

Von den Originalprotokollen des Vorstands und des Aufsichtsrats waren schon vorher Sicherheitsverfilmungen hergestellt worden, die sich zunächst in der Filiale Zittau befunden hatten und während der letzten Kriegswochen in den „Sudetengau", nach Reichenberg und

* Dieser Beitrag ist in abgewandelter Form erschienen in: Johannes Bähr, Die Dresdner Bank in der Wirtschaft des Dritten Reichs (Die Dresdner Bank im Dritten Reich, Bd. 1), München 2006, Teilkapitel X. Die Akten der Dresdner Bank aus der NS-Zeit: Anmerkungen zur Quellenüberlieferung, S. 571-582.

dann nach Karlsbad, gebracht wurden. Das Hauptarchiv der Volkswirtschaftlichen Abteilung wurde im Juli 1944 nach Zühlen bei Rheinsberg ausgelagert. Vor Beginn der „Schlacht um Berlin“ kam es nochmals zu Verlagerungen. Besonders wichtige Unterlagen der Zentrale wurden am 24. März 1945 in sechs Kisten nach Klietz an der Elbe (Kreis Rathenow) gebracht und dort in Bunkern der Deutschen Sprengstoffchemie GmbH eingelagert. Darunter befanden sich die Originale der Aufsichtsratsprotokolle sowie von Verträgen und von Dokumenten über Sicherheiten.[2]

Bei Kriegsende verteilten sich die zentralen Aktenbestände der Dresdner Bank hauptsächlich auf acht Standorte, von denen sich die meisten im späteren sowjetischen Besatzungsgebiet befanden.[3]

Abteilungen und Aktendepots der Dresdner Bank-Zentrale bei Kriegsende

Standort	*Abteilung*
Berlin	Auslandsbüro, Luftfahrtkredite
Klietz	Vorstandsprotokolle, Sicherheiten, Verträge
Zühlen bei Rheinsberg	Volkswirtschaftliches Archiv
Greiz	Industriebüro, Remboursabteilung
Dresden	Konsortialabteilung, Filialbüro
Bad Nauheim	Vorstandsgruppe West, Affiliationen West, Teile des Auslandssekretariats
Würzburg	Hauptbuchhaltung, Affiliationen Ost
Karlsbad (Karlovy Vary)	Verfilmungen der Vorstands- und Aufsichtsratsprotokolle, Unterlagen der Abteilung ausländische Arbeiter

Durch den Kriegsverlauf kam es ab Herbst 1944 auch bei den Filialen zu Verlagerungen. Die in den Ostgebieten des Reichs bestehenden Filialen wichen vor der herannahenden Front nach Westen aus, zumeist unter Mitnahme der wichtigsten Geschäftsunterlagen. Aus Ostpreußen und Pommern gingen die Verlagerungen überwiegend nach Nordwestdeutschland. Mehrere schlesische Filialen errichteten in Dresden Ausweichstellen, andere wanderten über das „Sudetenland“ nach Chemnitz.[4]

Ein Teil der verlagerten Akten wurde an den Ausweichstandorten durch Luftangriffe zerstört, so etwa in Dresden, Halberstadt und Würzburg. Die Akten des Vorstands-Sekretariats, Affiliationen (Ost), die zunächst nach Breslau gebracht worden waren, verbrannten im April 1945 bei einem Luftangriff auf den Bahnhof Rosenheim.[5] Andere Unterlagen, darunter Akten der Vorstandsmitglieder Hölling, Meyer und Pilder, wurden in Berlin durch Kriegseinwirkung zerstört.[6] Durch die Verlagerungen konnten die Verluste aber insgesamt in Grenzen gehalten werden. Der größte Teil der Akten der Zentrale überstand den Krieg unbeschadet.

Bei Kriegsende wurden die Berliner Banken und damit auch die Zentrale der Dresdner Bank durch den sowjetischen Stadtkommandanten geschlossen. Mit Ausnahme des Berliner Stadtkontors durfte kein Geldinstitut mehr neue Geschäfte durchführen. Das Hauptgebäude der Dresdner Bank befand sich nach Errichtung der Sektorengrenzen im sowjetischen Sektor der Stadt und wurde wenige Monate nach Kriegsende beschlagnahmt.[7] Die Dresdner Bank hatte ihre Leitung schon zuvor in den amerikanischen Sektor verlegt, unter Mitnahme der in Berlin-Mitte vorhandenen Akten. Anfang 1946 befanden sich Unterlagen des Aufsichtsratsvorsitzenden Goetz sowie der Vorstandsmitglieder Busch, Meyer, Overbeck, Rasche, Schippel und Zinßer bei den Depositenkassen Breitenbachplatz (Dahlem) und Rheinstraße (Friedenau). Die Depositenkasse Breitenbachplatz, der neue Sitz der Berliner Leitung, nahm auch Unterlagen des Konsortialbüros und des Filialbüros auf.[8] Im Laufe des Jahres 1946 wurden gezielt Aktenbestände aus dem sowjetischen Besatzungsgebiet in die Berliner Westsektoren gebracht, darunter Akten des Industriebüros und der Remboursabteilung.[9]

Der Dresdner Bank gelang es nicht, alle auf dem Gebiet der sowjetisch besetzten Zone (SBZ) eingelagerten Aktenbestände zurückzuholen. So blieben die in den Bunkern der Deutschen Sprengstoffchemie in Klietz verwahrten Akten und Dokumente unter hermetischer Kontrolle sowjetischer Dienststellen. Vergebens beantragte die Dresdner Bank die Herausgabe dieser Unterlagen. Im Frühjahr 1946 wurde der gesamte Bestand in Klietz von der Besatzungsmacht verbrannt.[10] Auch das in Zühlen bei Rheinsberg eingelagerte Archiv der Volkswirtschaftlichen Abteilung sollte unmittelbar nach Kriegsende verbrannt werden. Dem Bürgermeister und dem Pfarrer des Ortes gelang es, die meisten Akten zu retten.[11]

Die auf dem Gebiet der SBZ verbliebenen Filialakten wurden nach der Enteignung der Großbanken zunächst von Außenstellen der neu gegründeten Staatsbanken der Länder übernommen, im Fall der Dresdner Bank besonders von solchen der Sächsischen Landesbank. Später wurden die Unterlagen an die Deutsche Notenbank bzw. deren Außenstellen abgegeben.[12] Im sowjetischen Sektor von Berlin beschlagnahmte eine eigens eingesetzte Bankenkommission (Kommission der Deutschen Zentralfinanzverwaltung zur Sicherstellung von Unterlagen und Wertpapieren der Hauptsitze geschlossener Banken) Akten und Kontounterlagen, die sich noch in den früheren Zentralen der geschlossenen Geschäftsbanken im Bezirk Mitte befanden. In welchem Umfang die Bankenkommission Unterlagen der Dresdner Bank vereinnahmt hat, ist nicht bekannt.

In den Westzonen wurden die Großbanken im Rahmen der alliierten Dekonzentrationspolitik entflochten. Bei der Dresdner Bank entstanden elf Nachfolgeinstitute, die später zu drei selbstständigen Banken zusammengeschlossen wurden (Rhein-Main Bank, Rhein-Ruhr Bank, Hamburger Kreditbank), welche wiederum 1957 in der neu gegründeten Dresdner Bank AG aufgingen. In der Zeit der Dezentralisierung bestanden einige Abteilungen fort, die zentrale Aufgaben wahrnahmen, darunter auch die Verbindungsstelle Ost, die nach Kriegsende als Auffangstation für die Ausweichstellen der Ostfilialen errichtet worden war. Die Verbindungsstelle Ost befand sich bis 1950 in Hannover, dann in Düsseldorf und wurde im Frühjahr 1956 nach Frankfurt am Main verlegt. Nach der Gründung der Dresdner Bank AG erhielt sie die Bezeichnung „Verlagerungsabteilung“. Einen weiteren wichtigen Sammelplatz für Aktenbestände der Dresdner Bank bildete nach dem Krieg die Filiale Würzburg, wo sich Unterlagen der früheren Hauptbuchhaltung und auch Akten zu den „östlichen Affiliationen“ befanden.[13]

Die amerikanische Militärregierung (OMGUS) recherchierte ab Herbst 1945 im Rahmen ihrer Ermittlungen gegen die deutschen Großbanken nach Akten der Dresdner Bank aus der NS-Zeit. Dafür wurde bei der OMGUS Financial Intelligence and Liaison Branch ein eigenes Team gebildet. Die amerikanischen Ermittler wurden vor allem in Würzburg (Hauptbuchhaltung), Gießen (Konsortialabteilung) und Bad Nauheim (Vorstandsgruppe West, Affiliationen West) fündig. Besonders ergiebig waren die Bestände in Bad Nauheim, die u.a. die Korrespondenz des früheren Vorstandssprechers Karl Rasche und Dokumente aus dem Direktionssekretariat der Zentrale umfassten.[14] In Berlin kämmten amerikanische Dienststellen die Aktenbestände der Depositenkassen durch. Vermutlich hatten die Amerikaner auch Zugang zu dem in Klietz eingebunkerten Bestand mit besonders wichtigen Unterlagen der Berliner Zentrale.[15] Dafür spricht auch, dass die Verbrennungsaktion in Klietz unmittelbar nach Fertigstellung des ersten Bankenberichts der OMGUS Financial Intelligence and Liaison Branch erfolgte.[16]

Als Ergebnis ihrer Ermittlungen gegen die deutschen Großbanken legte die amerikanische Militärregierung im Juni 1947 einen Sonderbericht über die Dresdner Bank und die Deutsche Bank vor.[17] Zahlreiche Dokumente aus dem gesichteten Quellenmaterial wurden dann im Kriegsverbrecherprozess gegen Rasche vor dem Internationalen Militärgerichtshof in Nürnberg herangezogen. Nicht zuletzt aufgrund dieser Beweislage wurde der frühere Vorstandssprecher am 11. April 1949 wegen seiner SS-Mitgliedschaft und der Beteiligung an der Ausplünderung besetzter Länder zu einer Haftstrafe von sieben Jahren verurteilt.[18]

Da bei der Verbrennungsaktion in Klietz die Originale der Vorstands- und Aufsichtsratsprotokolle vernichtet worden waren, begann die Dresdner Bank im Frühjahr 1946, nach dem Verbleib der Sicherheitsverfilmungen dieser Unterlagen zu recherchieren. Die Spur verlor sich in Karlsbad (Karlovy Vary), wohin die Verfilmungen bei Kriegsende gelangt waren. Ehemalige Mitarbeiter der Filiale Karlsbad vermuteten, dass die Filme mit anderen Unterlagen nach Prag, in die Zentrale der Živnostenská banka, gebracht worden seien.[19] Die bei Kriegsende ebenfalls in Karlsbad verbliebenen Unterlagen der Abteilung ausländische Arbeiter wurden von den tschechoslowakischen Behörden eingezogen und an die Postsparkasse in Bratislava (Poštová sporitelna Bratislava, Slovensko) abgegeben.[20] Die Akten der sudetendeutschen Filialen übernahm der Zentrale Liquidator in Liberec (Reichenberg). Später bestand in Prag eine eigene Liquidationsgesellschaft Drázdanská banka (Dresdner Bank) sourhnná likvidace filiálek na území ČSR.[21]

Anders als später oft vermutet wurde, befand sich der größte Teil der überlieferten Dresdner Bank-Akten aus der Zeit des Dritten Reichs nicht östlich des Eisernen Vorhangs, sondern im Westen, genauer gesagt im Westteil Berlins.

In Berlin hatte der Alliierte Kontrollrat an dem seit Kriegsende bestehenden Betätigungsverbot für die Großbanken festgehalten. Nach der Währungsreform blieben diese Institute in den Westsektoren der Stadt als „ruhende Altbanken“ bestehen, die ausschließlich für Forderungen und Verbindlichkeiten aus der Reichsmark-Zeit zuständig waren. Das Grundkapital der Altbanken wurde nicht auf D-Mark umgestellt. Durch das Umstellungsergänzungsgesetz von 1953 wurden die Altbanken mit Ausgleichsforderungen ausgestattet, die sie zur Deckung ihrer Verpflichtungen beim Bund in Anspruch nehmen konnten.

Die bei der Altbank der Dresdner Bank überlieferten Akten befanden sich zunächst in einem Depot in der Gneisenaustraße, aus dem dann das Altbankarchiv am Mehringdamm 55 im Stadtbezirk Kreuzberg hervorging. Mit einem Aktenbestand von rund 7 lfd. km war dieses Archiv das größte der ruhenden Berliner Altbanken. Es blieb auch bestehen, nachdem die Altbank der Dresdner Bank 1983 aus dem Handelsregister gelöscht worden war. Neben klassischem Altbankschriftgut, also vor allem Konten- und Depotkarten zu sogenannten Uraltkonten und Unterlagen zur Wertpapierbereinigung, verwahrte das Altbankarchiv umfangreiche Bestände aus der Zeit des Dritten Reichs, darunter Akten der Konsortialabteilung, die auch Unterlagen zu den „Arisierungen“ enthielten, des Industriebüros und der Personalleitung sowie die Kundenkartei der früheren Zentrale. Hinzu kamen Akten ehemaliger Filialen aus den Gebieten östlich von Oder und Neiße und einiger Niederlassungen in den während des Krieges besetzten Gebieten.

In den fünfziger Jahren erhielten die Nachfolgeinstitute der Dresdner Bank die für die OMGUS-Ermittlungen und den Rasche-Prozess ausgewerteten Akten zumindest teilweise zurück.[22] Die im Gebiet der Nachfolgeinstitute vorhandenen Unterlagen der früheren Berliner Zentrale wurden bei der Rhein-Main Bank in Frankfurt zusammengezogen. Der größte geschlossene Bestand befand sich bei der dortigen Verlagerungsabteilung und war bis Ende der 1990er Jahre ohne systematische Erfassung in einem Depot der Dresdner Bank in der Gutleutstraße untergebracht. Zudem befanden sich in zahlreichen Niederlassungen der Bank noch unerschlossene Filialakten aus der NS-Zeit.

Gegen Ende der fünfziger Jahre legte der damalige Leiter der Volkswirtschaftlichen Abteilung der Dresdner Bank AG, Kurt Hunscha, eine Sammlung historischer Unterlagen an.[23] Auf diese Materialien stützte sich die 1992 veröffentlichte Unternehmenschronik des früheren Chef-Volkswirts Hans G. Meyen.[24]

In staatlichen Archiven der Bundesrepublik waren keine originären Aktenbestände der Dresdner Bank vorhanden.[25] Abschriften ausgewählter Originalakten finden sich in den Dokumenten des Internationalen Militärgerichtshofs, über die u.a. das Staatsarchiv Nürnberg und das Institut für Zeitgeschichte in München verfügen. Weitere Unterlagen der Dresdner Bank aus der NS-Zeit sind als Verfilmungen im OMGUS-Bestand des Bundesarchivs und des Instituts für Zeitgeschichte überliefert. Dabei handelt es sich um Kopien aus den in den USA archivierten Akten der OMGUS-Ermittlungen gegen die Großbanken.

Die bei der Bankenkommission in Ost-Berlin und in den Betriebsarchiven der Deutschen Notenbank verwahrten Akten enteigneter Geschäftsbanken gelangten während der fünfziger Jahre in die Staatsarchive der DDR. Weitere Bankakten wurden vermutlich damals schon vom Zentralarchiv des Ministeriums für Staatssicherheit (MfS) vereinnahmt. Die meisten Unterlagen verblieben bei der Deutschen Notenbank und wurden nach deren Auflösung im Jahr 1968 von der neugegründeten Industrie- und Handelsbank übernommen. Ein im Mai 1969 angelegtes Verzeichnis der historischen Akten deutscher Geschäftsbanken auf dem Gebiet der DDR führt neun Bestände von Akten der Dresdner Bank auf, die einen Umfang von insgesamt rund 210 lfm. hatten. Darunter befand sich ein Bestand mit Akten der Stadtzentrale im Deutschen Zentralarchiv Potsdam (7,6 lfm.). Akten früherer Filialen der Dresdner Bank wurden bei den Bezirksdirektionen der Industrie- und Handelsbank in Chemnitz, Dresden, Gera, Halle, Leipzig, Magdeburg, Potsdam und Weimar verwahrt.[26]

Ein Teil der Bankakten, die sich bei der Industrie- und Handelsbank befanden, wurde an Staatsarchive der DDR abgegeben. Der bei weitem größte Bestand, die Unterlagen der Filiale Leipzig, gelangte in das Leipziger Staatsarchiv. Weitere Filialbestände wurden von der Staatsbank der DDR übernommen. Die Hauptverwaltung der Staatsbank verfügte 1990 über mehr als 140 lfm. Schriftgut der Dresdner Bank. Filialakten der Dresdner Bank wurden auch bei den Außenstellen der Staatsbank in Dresden und Karl-Marx-Stadt verwahrt.[27]

Unterlagen verschiedener Großbanken aus der NS-Zeit befanden sich bis 1968 beim Deutschen Wirtschaftsinstitut (DWI) in Ost-Berlin. Nach einem Bericht des MfS lagerten dort auch „ca. 18.000 Akten der Dresdner Bank".[28] Mit Sicherheit befand sich darunter das frühere Volkswirtschaftliche Archiv der Dresdner Bank, das die DDR-Behörden Anfang der fünfziger Jahre aus Zühlen nach Ost-Berlin geholt hatten.[29] Möglicherweise hat das DWI auch von der Bankenkommission Akten übernommen. Die Banken-Bestände des DWI wurden im Herbst 1968 dem Deutschen Zentralarchiv in Potsdam (später: Zentrales Staatsarchiv der DDR) übergeben. Die Akten der Dresdner Bank wurden in Potsdam als ein eigener Bestand geführt, der sich weitgehend aus den Unterlagen des früheren Volkswirtschaftlichen Archivs zusammensetzte. Vor der Abgabe an das Zentralarchiv in Potsdam wurden die im DWI lagernden Bankakten von Mitarbeitern des MfS gesichtet.[30] In geringem Umfang befanden sich Originalakten der Dresdner Bank auch im so genannten NS-Archiv des MfS. Dabei handelte es sich in erster Linie um Personalakten, die aus dem Betriebsarchiv der Deutschen Notenbank in Dresden entnommen worden waren.[31]

Außerhalb Deutschlands sind nur in relativ geringem Umfang Akten mit Dresdner Bank-Provenienz aus der NS-Zeit überliefert. Das *US National Archive II* in College Park bei Washington verfügt über Verfilmungen von Akten der Dresdner Bank, die nach Kriegsende von amerikanischen Dienststellen ausgewertet worden sind. Insgesamt finden sich hier 118 Filmrollen mit der Bezeichnung „Dresdner Bank". Die Filme sind in der Aktengruppe Collection of Foreign Records Seized (RG 242) als Bestand T 83 archiviert („T-Rolls").[32] Der OMGUS-Bestand der US National Archives (RG 260) enthält Originalunterlagen der Dresdner Bank aus der NS-Zeit sowie Materialien über ihre damaligen Vorstandsmitglieder und themenbezogene Quellensammlungen. Weitere Materialien finden sich im Bestand RG 238 (War Crime Records) als Abschriften in den Dokumenten zum Prozess gegen Karl Rasche vor dem Internationalen Militärgerichtshof in Nürnberg. Die Originalunterlagen lagerten nach Beendigung der Prozesse in knapp 100 Kisten bei der amerikanischen Militärverwaltung im Frankfurter I.G.-Farben-Haus und wurden nach längeren Verhandlungen im Juli 1952 an die Dresdner Bank zurückgegeben.[33] Erhalten blieben davon lediglich eine komplette Kopie der Vorstandsprotokolle, vereinzelte Schriftstücke sowie die Transportbox Nr. 74, die mitsamt ihrem Inhalt in den Frankfurter Räumen der Verlagerungsabteilung die Zeiten überdauerte.

In *Polen* sind Akten der früheren Dresdner Bank-Filialen Breslau und Kattowitz von den Staatsarchiven der jeweiligen Region übernommen worden. Der Bestand Filiale Breslau des Staatsarchivs Wrocław umfasst 305 Akteneinheiten. Dabei handelt es sich überwiegend um Kreditakten und Rundschreiben. Im Staatsarchiv Kattowitz befinden sich 375 Akten der früheren Filiale Kattowitz. Auch hier sind vorwiegend Kreditakten, Geschäftsberichte und Rundschreiben überliefert.

Bei Recherchen in *Tschechien* konnte vor wenigen Jahren ein wichtiger, nach Kriegsende dort eingezogener Bestand ausfindig gemacht werden: die Originale der Vorstandsprotokolle der Dresdner Bank aus der NS-Zeit. Für das Historische Archiv der Bank in Frankfurt konnten von diesen Protokollen Mikrofilme hergestellt werden.[34]

Auf dem Gebiet der früheren *Sowjetunion* sind keine Akten der Dresdner Bank überliefert, auch nicht im Kriegsarchiv der Russischen Föderation, dem ehemaligen „Sonderarchiv“ mit Beuteakten aus Deutschland.[35]

Die *Türkei* war das einzige Land, in dem die Dresdner Bank während des Zweiten Weltkrieges aktive Auslandsfilialen hatte.[36] Einige Akten der Istanbuler Filiale, die unter der Bezeichnung Deutsche Orientbank firmierte, wurden Ende der 1990er Jahre im Zusammenhang mit den damaligen Forschungen über die Goldgeschäfte der Dresdner Bank in der NS-Zeit, nach Frankfurt abgegeben.[37]

Eine der rund 100 Militärkisten, in denen die Frankfurter amerikanische Militärverwaltung im Sommer 1952 umfangreiches Aktenmaterial an die Dresdner Bank zurückgab; es war bei Kriegsende für den Prozess gegen das Vorstandsmitglied Karl Rasche sichergestellt worden (HAC Sammlungsbestand).

A G R E E M E N T

This agreement, between the Office of the United States High Commissioner for Germany, acting on behalf of the United States of America, and, in particular, of the Department of the Army of the United States of America (hereinafter referred to as the Department of the Army) and the Department of State of the United States of America (hereinafter referred to as the State Department), of the first part, and the Dresdner Bank of Berlin, of the second part, witnesseth:

WHEREAS, the "Persons and Subjects" archives of the former Dresdner Bank were seized and have been in the possession and control of the Department of the Army and the State Department since November, 1945; and

WHEREAS, the Dresdner Bank of Berlin desires that the aforementioned archives be transferred to its possession and control for maintenance and use by it; and

WHEREAS, the Department of the Army and the State Department, through the Office of the United States High Commissioner for Germany, have agreed to transfer, subject to certain conditions, the possession and control of the said archives to the Dresdner Bank of Berlin, for maintenance and use by the Bank:

<u>NOW THEREFORE</u>, it is agreed as follows:

1. The Office of the United States High Commissioner for Germany hereby transfers to the Dresdner Bank of Berlin, subject to the provisions hereinafter expressed, the right to possession, control, maintenance and use of certain archives of the former Dresdner Bank, as aforementioned.

2. Possession of the archives will be given to the Dresdner Bank of Berlin at Frankfurt-am-Main, Germany. The Bank is authorized to have the records moved for storage elsewhere in the German Federal Republic or in the Western Sectors of Berlin. In such event the Bank will bear the expense of packing and shipment.

3. The Dresdner Bank of Berlin, for itself, its successors and its assigns, does hereby remise, release and forever acquit and discharge the United States of America and its departments, agencies and representatives, and each of them, and their successors, of and from any and all causes of action, covenants, agreements, judgments, claims and demands whatsoever, in law and equity, arising by reason of the seizure, possession, control, maintenance or use of the aforementioned archives by the aforementioned United States departments, agencies or representatives, including especially claims based upon damage to or incompleteness of the archives as transferred to the possession of the Dresdner Bank of Berlin, whether heretofore or hereafter accruing and whether now known or not known to the parties hereto.

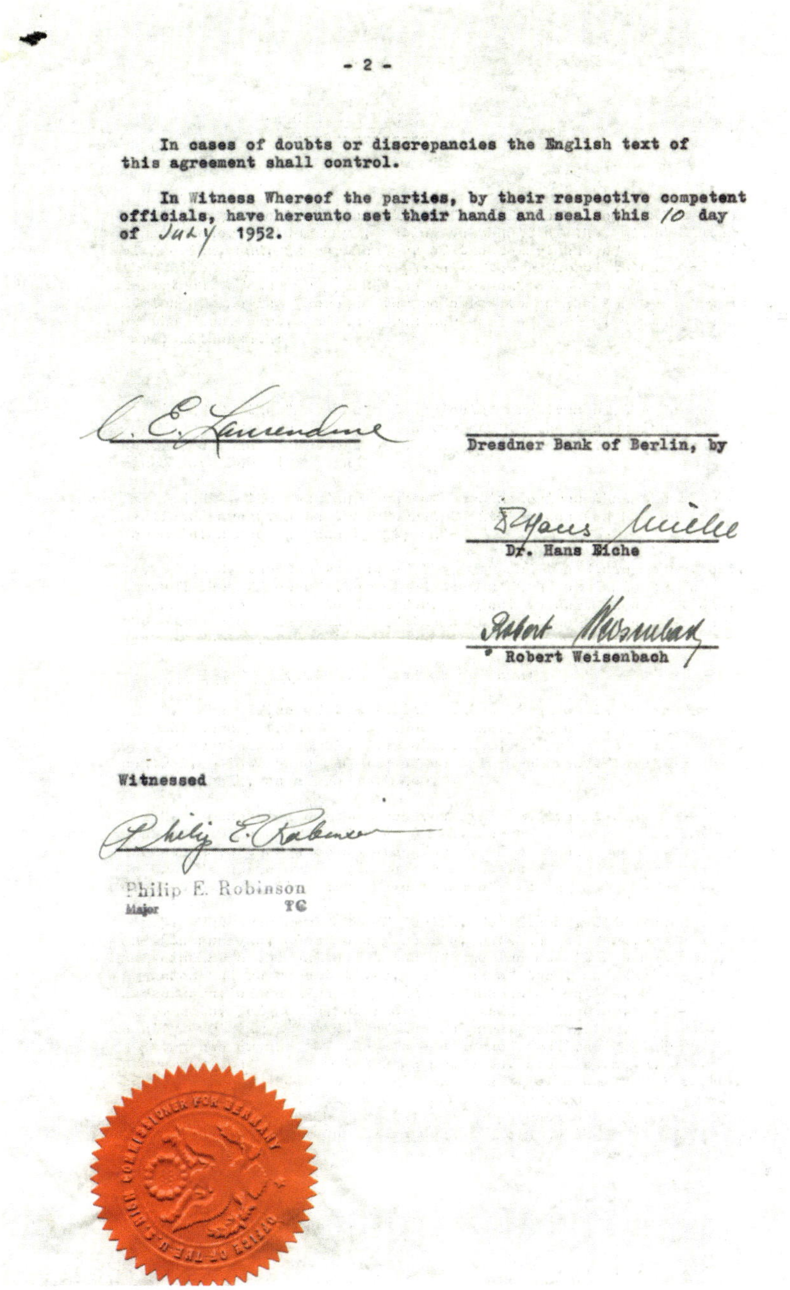

- 2 -

In cases of doubts or discrepancies the English text of this agreement shall control.

In Witness Whereof the parties, by their respective competent officials, have hereunto set their hands and seals this 10 day of July 1952.

Dresdner Bank of Berlin, by

Dr. Hans Eiche

Robert Weisenbach

Witnessed

Philip E. Robinson
Major TC

Vertrag zwischen der amerikanischen Militärverwaltung und der Dresdner Bank vom 10. Juli 1952 zur Rückgabe beschlagnahmter Akten.

Eine wichtige Quellenüberlieferung zur Geschichte der Dresdner Bank im Dritten Reich sind auch die Akten der Tochtergesellschaften in den von Deutschland annektierten und besetzten Gebieten. Das größte dieser Institute war die 1938 entstandene *Länderbank Wien*. Ihre Akten blieben nach Kriegsende beim Nachfolgeinstitut Österreichische Länderbank und befinden sich heute im Archiv der Bank Austria. Dort konnten sie für die 2006 veröffentlichte Studie der Historikerkommission CA/Länderbank ausgewertet werden.[38] Im Bestand Dresdner Bank des Historischen Archivs der Commerzbank (HAC) sind nur wenige Akten mit Bezug zur Länderbank Wien vorhanden, u.a. Aufsichtsratsprotokolle sowie Unterlagen über Konsortialgeschäfte und „Arisierungen“.[39]

Die Geschäftsunterlagen der 1939 von der Dresdner Bank übernommenen *Böhmischen Escompte-Bank* (Bebca) in Prag blieben nach Kriegsende zunächst beim Nachfolgeinstitut Ceská eskomptní banka. Dokumente aus diesem Bestand sind einer alliierten Untersuchungskommission, vermutlich zur Vorbereitung des Rasche-Prozesses, zur Verfügung gestellt worden. Verfilmte Originalunterlagen der Bebca finden sich heute noch im Bestand T 83 („T-Rolls“) der US National Archives. Nach der Verstaatlichung der tschechoslowakischen Aktienbanken wurde das Schriftgut der Bebca bei der Živnostenská banka aufbewahrt. Der weitere Verbleib dieser Unterlagen ist nicht bekannt. In den Unterlagen der Dresdner Bank sind Korrespondenzen mit der Bebca und Materialien zu Konsortialgeschäften, darunter auch zahlreichen „Arisierungen“, im „Protektorat Böhmen und Mähren“ überliefert.[40]

Auf die Krakauer Tochtergesellschaft *Kommerzialbank AG* richtete sich nach dem Krieg das besondere Interesse der alliierten Ermittler, da ihre Geschäfte im Generalgouvernement als suspekt galten. Akten dieser Bank befanden sich bei den Depositenkassen in den Berliner Westsektoren und wurden dort von der amerikanischen Militärregierung beschlagnahmt. Andere Unterlagen der Kommerzialbank wurden auf Anordnung der britischen Militärregierung an die polnische Militärmission in Berlin abgegeben.[41] Im Bestand Dresdner Bank des Historischen Archivs der Commerzbank ist heute ein Konvolut mit 22 Akten der Kommerzialbank überliefert.[42] Vermutlich handelt es sich dabei um einen Teil des von den Amerikanern eingezogenen Schriftguts. Überliefert sind Unterlagen der Kommerzialbank auch auf den „T-Rolls“-Filmen in den US National Archives. In Polen verfügt das Staatsarchiv Krakau über einen Bestand Kommerzialbank

(IT 2097), der aber nur wenige Akten umfasst. Die Liquidationsunterlagen befinden sich im Archiv der neuen Akten in Warschau.

Die Geschäftsakten der Tochtergesellschaft *Ostbank AG*, die nach der Besetzung Polens in Posen durch eine Übernahme entstanden war, müssen weitgehend als verschollen gelten. Einige Unterlagen dieser Bank gelangten bei Kriegsende nach Leipzig. Ihr weiterer Verbleib lässt sich nicht mehr ermitteln. Ein kleinerer Bestand mit den Kundendepotkarteien der Ostbank wurde nach 1990 von der Rechtsnachfolgerin der Staatsbank der DDR an die Dresdner Bank abgegeben.[43] In Posen sind nur wenige Akten der Ostbank überliefert. Sie befinden sich im Bestand Treuhandstelle Ost des dortigen Staatsarchivs.[44]

Von dem 1939 in Amsterdam gegründeten *Handelstrust West N.V.* (HTW) existiert keine geschlossene Bestandsüberlieferung. Die Unterlagen dieser Bank wurden im Frühjahr 1945 zu einer Abwicklungsstelle in Iserlohn gebracht. Dort verliert sich die Spur. Zahlreiche Dokumente zu den Aktivitäten des HTW finden sich allerdings in den von der amerikanischen Militärregierung ausgewerteten Akten der Vorstandsgruppe West und des Vorstandssekretariats Affiliationen, die im OMGUS-Bestand, auf den „T-Rolls" und in den Materialien zum Rasche-Prozess überliefert sind. Aus dieser Provenienz stammen auch die einschlägigen Unterlagen im Nederlands Instituut voor Oorlogsdocumentatie (NIOD) in Amsterdam. Der Bestand Dresdner Bank des HAC enthält Unterlagen der Konsortialabteilung zu den Verflechtungs- und „Arisierungs"-Geschäften in den besetzten Niederlanden. Die Akten der im besetzten Belgien gegründeten Tochtergesellschaft *Continentale Bank* wurden im Herbst 1944 zunächst zur Abwicklungsstelle des Instituts nach Heuchelheim bei Gießen gebracht. Bei Kriegsende befand sich dieser Bestand in Bad Nauheim. Dort zog die amerikanische Militärregierung die Unterlagen ein. Die Originale wurden im August 1945 an den Treuhänder der in Belgien beschlagnahmten Continentale Bank abgegeben.[45] Zum weiteren Verbleib dieser Akten liegen keine Informationen vor. Aufschlußreiches Material zur Tätigkeit der Conti-Bank und zahlreiche Kopien von Originaldokumenten finden sich im OMGUS-Bestand, in den „T-Rolls" und in den Unterlagen zum Rasche-Prozess. Das Historische Archiv der Commerzbank verfügt aus der Überlieferung des Auslandssekretariats über eine größere Zahl von Kreditakten der Continentale Bank.[46]

Außerhalb der Hegemonialsphäre des Dritten Reichs hatte die Dresdner Bank während der NS-Zeit nur eine einzige Tochtergesellschaft, die *Deutsch-Südamerikanische Bank* (DSB). Dieses Institut befand sich seit 1931 im alleinigen Besitz der Dresdner Bank. Die Geschäftsunterlagen der DSB blieben während des Krieges in Berlin und wurden dort bei einem Luftangriff auf das Hauptgebäude der Bank in der Mohrenstraße weitestgehend zerstört. Die Ermittler der amerikanischen Militärregierung konnten später noch Depotlisten und einige Ordner des Aufsichtsratsvorsitzenden Carl Goetz auswerten, die in den Westteil Berlins gelangt waren.[47] Im HAC-Bestand Dresdner Bank befinden sich nur sehr wenige Originalunterlagen der DSB aus der Zeit vor 1945. Aktenüberlieferungen der DSB-Filialen in Lateinamerika sind nicht bekannt. Unterlagen zur Liquidierung der Filiale Buenos Aires nach 1945 finden sich im Archiv des argentinischen Außenministeriums.[48]

Akten der Dresdner Bank aus der NS-Zeit sind in beträchtlichem Umfang erhalten, doch bestehen massive Lücken in der Überlieferung, die nur zum Teil auf Kriegsschäden und unmittelbare Kriegsfolgeschäden zurückgeführt werden können. Die meisten Aktenbestände der Zentrale haben den Krieg unbeschadet überstanden. Dies ergibt sich aus den Unterlagen der amerikanischen Militärregierung, die sich bei ihren Ermittlungen gegen die Dresdner Bank in den Jahren 1946/47 auf eine recht günstige Aktenlage stützen konnte. Überwiegend wurde dabei auf Bestände zurückgegriffen, die sich im westlichen Besatzungsgebiet befanden.

Die erhaltenen Aktenbestände waren bis zur Gründung des Historischen Archivs der Dresdner Bank im Jahr 1999 nicht systematisch erschlossen. In der Öffentlichkeit und selbst in der bankhistorischen Forschung war diese Überlieferung nicht bekannt.[49] Mit dem Aufbau des Historischen Archivs der Dresdner Bank, das inzwischen im Historischen Archiv der Commerzbank aufgegangen ist, konnte das aus der NS-Zeit erhaltene Schriftgut nach mehr als fünfzig Jahren zusammengeführt und erfasst werden. Die Bestände wurden nun nicht nur von der Unternehmenskommunikation der Bank genutzt, sondern auch von der historischen Forschung, die anhand dieser Unterlagen erstmals ein umfassendes Bild von der Rolle der Dresdner Bank im Dritten Reich herausarbeiten konnte. Allgemein gilt die Aktenüberlieferung der Dresdner Bank heute als eine der wichtigsten Quellen für die Unternehmensgeschichte der NS-Zeit.

Anmerkungen

1 Ausgelagerte Akten (nach Angaben des Vorstandsmitglieds Gustav Overbeck, 8.8.1947), U.S. National Archives and Records Administration, College Park (NARA), RG 260, General Records of the Finance Intelligence Group, Box 185, 10; Schreiben der Berliner Leitung der Dresdner Bank an das Intelligence Office of Chief of Counsel Office for War Crimes vom 19.9.1947 betr. Bergungsfilialen, Historisches Archiv der Commerzbank (HAC)-500/108204.
2 Vermerk Lt. Noether betr. Dresdner Bank, Bundesarchiv Koblenz, OMGUS FINAD 2/186/9; Mitteilung an Intelligence Office of Chief of Counsel Office for War Crimes, 19.9.1947 [Nachlaß Hugo Zinßer, B 15]; Schreiben an Hauptmann Henry A. Collins, Finance Div. O.M.G.U.S., 4.1.1946, NARA, RG 260, Records of the Financial Intelligence Group, Box 181; Aufstellung Dresdner Bank, Bundesarchiv Koblenz OMGUS FINAD 2/183/7. Siehe hierzu den Beitrag von Michael Jurk in diesem Band.
3 Ausgelagerte Akten (Angaben des Vorstandsmitglieds Gustav Overbeck vom 8.8.1947), NARA, RG 260, General Records of the Finance Intelligence Group, Box 185, 10; Schreiben der Berliner Leitung der Dresdner Bank an das Intelligence Office of Chief of Counsel Office for War Crimes vom 19.9.1947, HAC-500/108204. Die originären Verlagerungslisten befanden sich nach Kriegsende im sowjetischen Sektor von Berlin und waren für die Dresdner Bank seit März 1946 nicht mehr zugänglich. Ebd.
4 Situationsbericht Ostfilialen, HAC-500/49207-2001.
5 Aktennotiz vom 30.4.1945, HAC-500/5125-2000.
6 Schreiben Depositenkasse Breitenbachplatz an Henry H. Collins, Finance Div. O.M.G.U.S., 4.1.1946, NARA, RG 260, Records of the Finance Investigation Group, Box 181.
7 Vgl. hierzu den Beitrag von Sebastian Pollems, SPD, SED und Staatsbank. Gebäudenutzung im Realsozialismus, in: Michael Jurk / Katrin Lege (Hrsg.), In bester Lage. Geschichte eines Quartiers an der Berliner Behrenstraße (Publikationen der Eugen-Gutmann-Gesellschaft, Bd. 6), Dresden 2011, S. 141-169.
8 Ebd.
9 Schreiben Remboursabteilung in Greiz an Direktor Thomann, Berlin-Dahlem, Breitenbachplatz, 26.6.1946 , HAC-500/115631.
10 Die Berliner Leitung der Dresdner Bank erhielt darüber einen vom 27.5.1946 datierten Bericht eines eigens nach Klietz entsandten Mitarbeiters. Schreiben an Intelligence Office of Chief of Counsel Office for War Crimes, 19.9.1947, HAC-500/108204. Der Beauftragte der Dresdner Bank, Oskar Petersen, erhielt in Klietz von mehreren sowjetischen Offizieren und einem deutschen Demontagearbeiter bestätigt, dass sämtliche Akten und Urkunden „ausgeräumt und verbrannt worden seien“. Eidesstattliche Erklärung vom 10.11.1959, HAC-500/49940-2001.BE.
11 Bericht über die vom 22.8.1945 bis 29.8.1945 getätigte Fahrt nach Zühlen, 30.8.1945, HAC-500/50725-2001.BE; Aktennotiz betr. Zühlen, 24.11.1945, HAC-500/110511; Aktennotiz betr. Verlagertes Archiv nach Zühlen (Mark) bei Rheinsberg, 1.9.2000, HAC-500/50996-2001.BE. Siehe hierzu den Beitrag von Michael Jurk in diesem Band.
12 HAC-500/49207-2001.
13 Memorandum Re: Dresdner Banks vom 17.9.1945, Bundesarchiv Koblenz, OMGUS-FINAD, 2/186/9.
14 Vgl. Karl Heinz Roth, Einleitung des Bearbeiters, in: O.M.G.U.S., Finance Division – Financial Investigation Section, Ermittlungen gegen die Dresdner Bank (1946), Nördlingen 1986, S. LXXXIVff.

15 Schreiben an Capt. Hermann Zap, Chief, Financial Intelligence and Liaison Branch, 13.1.1946, Bundesarchiv Koblenz, OMGUS-FINAD 2/207/8.
16 Dieser Bericht ging dem amerikanischen Militärgouverneur im Mai 1946 zu.
17 OMGUS, Dresdner Bank und Deutsche Bank. Sonderbericht des Militär-Gouverneurs der Vereinigten Staaten (Juni 1947), HAC-500/13761-2000.
18 Ralf Ahrens, Die Dresdner Bank 1945–1957. Konsequenzen und Kontinuitäten nach dem Ende des NS-Regimes, München 2007, S. 101-114 sowie ders., Der Exempelkandidat. Die Dresdner Bank und der Nürnberger Prozeß gegen Karl Rasche, in: Vierteljahrshefte für Zeitgeschichte, 52(2004), S. 637-670.
19 Schreiben Heinze an Anton Müller, 15.10.1955, HAC-500/108204; Schreiben Anton Müller an Heinze, 22.10.1955, ebd.; Aktennotiz vom 4.10.1946 betr. Besuch des Prokuristen Walter Römmer, HAC-500/5128-2000.
20 Schreiben an Frantisek Salon vom 24.8.1969, HAC-500/11776-2000. Die Dresdner Bank war während des Krieges für Lohnüberweisungen von Zwangsarbeitern aus der Slowakei und aus Griechenland zuständig gewesen.
21 HAC-500/50336-2001.
22 Vgl. HAC-500/425-1999 bis 456-1999.
23 Siehe hierzu den Beitrag von Michael Jurk in diesem Band.
24 Hans G. Meyen, 120 Jahre Dresdner Bank, Frankfurt am Main 1992.
25 Der Bestand Dresdner Bank im Bayerischen Hauptstaatsarchiv, München, enthält Geschäfts- und Wirtschaftsberichte der Dresdner Bank sowie Schriftwechsel über Angelegenheiten der Bank.
26 Bestände deutscher Banken im Staatlichen Archivfonds der DDR, die 1945 existiert haben, 28.5.1969, Bundesarchiv, DO 1/ 22.0/ StAV/ 2336. Siehe auch den Beitrag von Andreas Graul in diesem Band.
27 Vermerk Herfurth o.D. betr. Schriftgut der 1945 geschlossenen Dresdner Bank, in: HAC/500-117123; Staatsbank Berlin, Landesfiliale Sachsen, Außenstelle Chemnitz/ Dresdner Bank, Übergabe-/Übernahmeprotokoll vom 18.5.1994, ebd.; Inhaltsverzeichnisse – von Staatsbank erhalten (April 1993), ebd.
28 Information über die bei dem Deutschen Wirtschaftsinstitut lagernden Aktenbestände der Deutschen Bank und der Dresdner Bank vom 14.4.1968, Bundesbeauftragter für die Unterlagen des Staatssicherheitsdienstes der ehemaligen DDR (BStU), MfS HA IX/11, FV 87/70, Bl. 11.
29 Siehe hierzu den Beitrag von Michael Jurk in diesem Band.
30 Spätere Recherchen ergaben, dass das MfS damals auch Akten der Dresdner Bank aus dem DWI an sich gezogen hat. Diese Entnahmen erfolgten im Rahmen der „Aktion Contra“ eines operativen Vorgangs, der im Februar 1968 anlief und vor dem Hintergrund der NPD-Wahlerfolge in der Bundesrepublik auf „eine größere Maßnahme gegen die neonazistische Entwicklung in Westdeutschland“ abzielte. In diesem Zusammenhang wurde nach belastendem Material über die Verbindungen zwischen privaten Unternehmen und der SS sowie über ehemalige SS-Angehörige in den Führungsetagen der westdeutschen Wirtschaft recherchiert. Aktenvermerke der HA IX/11 vom 29.10.1968 und vom 3.12.1968. BStU, HA IX/11, FV 87/70, Bl. 20 u. Bl. 22; BStU, MfS HA IX/11, AS 53/68a, Bl. 3-10.
31 Die Akten dieses „NS-Archivs“ waren vom MfS aus verschiedenen Überlieferungen auf dem Gebiet der DDR vereinnahmt und in einem Sonderspeicher zur zentralen Verfolgung von Nazi- und Kriegsverbrechen zusammengefasst worden. Vgl. Dagmar Unverhau, Das „NS-Archiv“ des Ministeriums für Staatssicherheit. Stationen einer Entwicklung, Münster 1998.
32 Guides to German Records Microfilmed at Alexandria, Va. No. 88: Records of Private German Enterprises and Individuals, National Archives and Records Administration, Washington, D.C. 1990.

33 HAC-500/115589, Bd. 1,2.
34 Siehe hierzu den Beitrag von Michael Jurk in diesem Band.
35 Vgl. Götz Aly/Susanne Heim, Das Zentrale Staatsarchiv in Moskau („Sonderarchiv“). Rekonstruktion und Bestandsverzeichnis verschollen geglaubten Schriftguts aus der NS-Zeit, Düsseldorf 1992.
36 Die ägyptischen Filialen mussten ihre Geschäftstätigkeit bei Kriegsbeginn einstellen. Einige Unterlagen der Filialen Alexandria und Kairo befinden sich im Historischen Archiv der Commerzbank.
37 Johannes Bähr, Der Goldhandel der Dresdner Bank im Zweiten Weltkrieg. Ein Bericht des Hannah-Arendt-Instituts, Leipzig 1999.
38 Gerald D. Feldman/Oliver Rathkolb/Theodor Venus/Ulrike Zimmerl, Österreichische Banken und Sparkassen im Nationalsozialismus und in der Nachkriegszeit, 2 Bde., München 2006.
39 Vgl. hierzu Dieter Ziegler, Die Expansion nach Österreich, in: Wixforth, Expansion, S. 11-54.
40 Siehe hierzu den Beitrag von Harald Wixforth in diesem Band.
41 Schreiben Dresdner Bank, Berlin-Charlottenburg 2, an Verbindungsstelle Ost, 5.7.1951 [Ordner Kopien Ost-Fil. A-K u.a., Unterlagen Hopf, ehem. Altbankarchiv DrBk]; Schreiben Bank für Handel und Industrie an Rechtsanwalt Christian Taeger, 13.4.1951 [Mappe „Polen“, ehem. Altbankarchiv DrBk].
42 HAC-500 – Provenienz 102: Kommerzialbank Krakau.
43 Schreiben Direktor Daniel, Dresdner Bank in Leipzig, an Vorstand der Dresdner Bank Berlin, 7.7.1945, HAC-500/117124 Inhaltsverzeichnisse – von Staatsbank erhalten (April 1993), HAC-500/11725; Bestände deutscher Banken im Staatlichen Archivfonds der DDR, die 1945 existiert haben, 28.5.1969, Bundesarchiv Berlin, DO 1/ 22.0/ StAV/ 2336.
44 Im April 2004 gab das Bundesarchiv 104 Kartons mit Unterlagen der Ostbank AG sowie der Handels- und Kreditbank, Riga, an das Historische Archiv der Dresdner Bank ab (Eingang Nr. E 354).
45 Die amerikanische Militärregierung behielt nur „a few original documents of particular interest“ zurück. Records of the Continentale Bank of Brussels (11.8. 1945), Bundesarchiv Koblenz, OMGUS FINAD 2/210/6; Vermerk Paul J. Brand, ebd., 2/183/7.
46 HAC-500/5198-2000 bis HAC-500/5219-2000.
47 Deutsch-Südamerikanische Bank. Memorandum for the files, 22.1.1947, NARA, RG 260, Box 539, Folder Deutsch-Südamerikanische Bank; Helga Wolski, Deutsch-Südamerikanische Bank files, 9.1.1946, Bundesarchiv Koblenz, OMGUS-FINAD 2/207/8.
48 Archivo Externo del Ministerio de Relaciones Exteriores y Culto, Propiedad Enemiga; Comisión Argentino Alemana.
49 So ging z.B. Christopher Kopper in seiner 1995 veröffentlichten Dissertation davon aus, Akten der Dresdner Bank seien „nicht in einem größeren Bestandszusammenhang, ja nicht einmal in Form der Originalakten selbst überliefert“. Christopher Kopper, Zwischen Marktwirtschaft und Dirigismus. Bankenpolitik im „Dritten Reich“ 1933–1939, Bonn 1995, S.16.

1998/99 wurden die über das gesamte Bundesgebiet verstreuten Akten aus der Zeit vor der Währungsreform in Frankfurt am Main zentralisiert und in den Folgejahren bewertet und verzeichnet. Den meisten Unterlagen waren die Spuren jahrzehntelanger unsachgemäßer Lagerung deutlich anzusehen.

Überlegungen zur Bewertung von Vorstandsakten*

Wolfgang Richter

I

Bewerten heißt: Entscheidungen darüber treffen, welche Unterlagen so wertvoll sind, dass eine zeitlich unbegrenzte Aufbewahrung und die Arbeit des Archivars gerechtfertigt sind. Entscheidungen zu treffen ist erst möglich, wenn man sich über die Ziele im Klaren ist, die mit der Arbeit erreicht werden sollen. Die lange und mühsame Diskussion der deutschen Archivare, ob das Ziel der Bewertung eine Abbildung der Gesamtgesellschaft im Sinne einer Dokumentation oder ein Abbild der Handlungen der speziellen Organisation sein solle, die das Archiv trägt, ist so gesehen ein Indiz für einen Mangel an Zieldefinition des Berufsstandes und die daraus folgende Unsicherheit.[1]

Bevor wir also zur Bewertung einzelner Aktengruppen oder Bestände kommen, müssen wir uns überlegen, was unser Archivträger von uns verlangt. Unter der Annahme, dass Archive zuerst nach Schellenbergs „Evidenzwert"[2] bewerten sollten, sind die Ziele für die Arbeit des Archivs:

- Das Archiv soll die Entscheidungen des Archivträgers nachvollziehbar machen, um dessen Handlungssträngen Kontinuität zu geben.
- Das Handeln des Archivträgers soll nachgewiesen werden, damit er sich im Nachhinein für sein Tun rechtfertigen kann.
- Der Archivträger will nach außen offen und transparent erscheinen.
- Das Archiv soll die Tradition des Unternehmens begründen und pflegen, indem es die „toten" Informationen aus den Akten zum Leben erweckt und in die Bank zurückträgt, z. B. durch Jubiläumsveranstaltungen, Ausstellungen, Festschriften.

Das Archiv muss demnach so bewerten, dass die Entscheidungen der Bank, der Informationsstand, aufgrund dessen diese Entscheidungen ge-

* Überarbeiteter Text eines Vortrages beim Workshop „Appraising Banking Archives" der European Association for Banking History am 13./14. März 2003 in Mailand.

fällt wurden, und schließlich der Erfolg oder der Mißerfolg der Handlungen, die aus diesen Entscheidungen folgen, belegt werden können.

Historiker unterscheiden bei den Quellen zwischen Tradition im Sinne von intentionaler Berichterstattung, und Relikten, die nur für (damals) gegenwärtige Zwecke geschaffen wurden.[3] Diese weisen daher größere Aussagekraft auf und halten der Quellenkritik eher stand. Durch die Aufnahme eines Relikts in ein Archiv behält es zwar seine Aussagekraft, wird nun aber tradiert. Dadurch verliert es seinen Charakter als nicht-intentional vermittelte Quelle. Die Intentionen, die hier hereinspielen, sind die des bewertenden Archivars.

Die Kunst des Bewertens besteht nun darin, Relikte in Tradition zu verwandeln, ohne diese dadurch ihres Evidenzwertes zu berauben.

Die so gebildete Tradition wird vom Archivar gestaltet. Das methodische Werkzeug, das er ansetzt, um die Überlieferung zu formen, ist die Bewertungsentscheidung. Allerdings liegt die Beweislast, dass die vom Archiv überlieferten Quellen ein angemessenes Abbild der entsprechenden Realitäten liefern, wiederum beim Archivar.

II

Der Sinn und das Ziel der öffentlichen Archive, die Tätigkeit ihres Trägers nachvollziehbar offenzulegen, besteht grundsätzlich auch für private und damit auch für Bankarchive. Wofür sonst sind Archive gut?

Wenn Banken historische Archive einrichten und professionelles Personal einstellen, ist das eine Entscheidung zur Herstellung von Transparenz. Das heißt, die Bank legt ihr Inneres (mit der gebührenden zeitlichen Distanz) der kritischen Öffentlichkeit zur Begutachtung vor.

Dies kann allerdings nur so weit gehen, wie das Bankgeheimnis es zulässt. Bankgeschäfte sind praktisch nicht möglich ohne die Vertraulichkeitsgarantie der Bank. Denn die Bank kann Kredite an Kunden nur vergeben, wenn diese ihre wirtschaftlichen und Vermögensverhältnisse offenlegen. Die Kunden wiederum werden Daten aus ihrer Privatsphäre der Bank nur offenbaren, wenn sie sicher sein können, dass die Bank diese Informationen nicht offenlegt.[4]

Dieser Sachverhalt hat im Wertesystem der Bank selbstverständlich Vorrang vor dem Informationsinteresse der Öffentlichkeit. Hier liegt die spezifische Kultur der Verschwiegenheit bei den Banken begründet.

Allerdings geht die Praxis der Verschwiegenheit bei vielen Banken traditionell weit über die eigentlichen Erfordernisse des Bankgeheimnisses hinaus. Die Banken gewähren generell ungern Einblicke in ihre inneren Vorgänge, und begründen dies gerne mit dem Bankgeheimnis. Ein Argument, das in der Öffentlichkeit allerdings auf zunehmende Kritik stößt. Wer keinen Einblick gewährt, gerät leicht in den Verdacht, etwas verbergen zu wollen.

Die Öffnung des Bankarchivs ist somit eine Geste an die Öffentlichkeit, dass die Bank zu ihrer früheren Geschäftspolitik steht und bereit ist, sie offenzulegen. Die Glaubwürdigkeit der Bank soll aufrecht erhalten oder wieder hergestellt werden. [5]

Banken sind große Organisationen, in denen fehlbare Menschen arbeiten, die auch tatsächlich Fehler machen. Ein gutes Mittel, um Fehler zu minimieren, ist es, sich der öffentlichen Kritik zu stellen. Das haben viele Banken bisher vermieden. Schirmt man sich von der Kritik ab, entsteht leicht ein Klima, in dem Regeln tendenziell etwas weniger streng befolgt werden.

Die Befürchtung, durch Offenlegung der Archive könnten nun Fehler der Vergangenheit offenkundig werden, ist also möglicherweise berechtigt. Insofern ist die Scheu einiger Banken vor dem Licht der Öffentlichkeit verständlich. Möglicherweise gibt es Einiges, das so nicht geschehen wäre, wenn die Akteure damit hätten rechnen müssen, dass ihre Entscheidungen nach dem Ablauf der Sperrfristen öffentlich werden könnten.

Aber der Nachweis gegenüber der Öffentlichkeit, dass es eben doch nicht kriminell ist, eine Bank zu gründen, wie es Bertolt Brecht in der Dreigroschenoper provokant anklingen ließ, kann nur durch die bedingte Offenlegung der Archive geführt werden.

Der Archivar ist so gesehen ein Vermittler zwischen dem öffentlichen Informationsinteresse und dem berechtigten Verlangen nach Geheimhaltung in der Bank. Selbstverständlich kann die Offenlegung nur innerhalb der Grenzen des Bankgeheimnisses stattfinden, aber wenn sie glaubhaft sein soll, muss sie bis an diese Grenzen gehen und alles diesseits der geschützten Kundendaten der Öffentlichkeit auf Verlangen und nach Ablauf der üblichen 30-jährigen Sperrfristen präsentieren.

Ich möchte dieses Ziel für den Bereich der Bankarchive als „bedingte Transparenz“ bezeichnen.

Hat das Bankgeheimnis Auswirkungen auf die Bewertungspolitik?

Diese Frage sollte daraufhin zugespitzt werden, ob es Unterlagen gibt, die nach anderen Gesichtspunkten eigentlich archivwürdig sind, aber wegen des Bankgeheimnisses nicht in das Bankarchiv aufgenommen werden dürfen. Die Antwort darauf ist klar: Selbstverständlich verlieren Unterlagen ihre ansonsten vorhandene Archivwürdigkeit grundsätzlich nicht, wenn ihre Benutzung für unabsehbare Zeit eingeschränkt ist. Für bankinterne Zwecke müssen solche Unterlagen auf jeden Fall in die Archive aufgenommen werden. Dass sie der Öffentlichkeit nicht präsentiert werden dürfen, ändert daran nichts.

Anders herum gefragt: Gibt es Unterlagen, die nach anderen Gesichtspunkten nicht archivwürdig sind, denen nach Berücksichtigung des Bankgeheimnisses doch ein erheblicher Archivwert beigemessen werden muss? Das ist schwer vorstellbar. Denn bei einer grundsätzlich auf die Öffentlichkeit gerichteten Bewertungspolitik können (in welcher Beziehung auch immer) nicht präsentable Unterlagen tendenziell keinen zusätzlichen Archivwert beanspruchen.

Ebenso scheint es mir irrelevant für die Bewertung, welchem Kreis das Archiv die Unterlagen künftig präsentieren kann oder will: ausschließlich internen oder auch externen Nutzern. Die Nachfrage nach Evidenz der internen Nutzer unterscheidet sich wohl kaum von der kritischer Historiker. Gleichwohl fordern Historiker zusätzlichen Informationswert (in Schellenbergs Sinne), den die Bankarchive allerdings wegen ihrer begrenzten personellen und finanziellen Ressourcen nicht liefern können.

Ich halte das Bankgeheimnis deshalb insgesamt für bewertungsneutral. Insofern unterscheidet sich die Bewertung in Bankarchiven nicht grundsätzlich von derjenigen in anderen Wirtschafts- oder auch staatlichen Archiven. Archivwürdige Kundendaten müssen aber bei der Erschließung gekennzeichnet werden, um sicherzustellen, dass sie von der Veröffentlichung ausgeschlossen bleiben.

III

Der Vorstand ist die Entscheidungszentrale des Unternehmens und hat daher eine über sich selbst hinausreichende Bedeutung. Deshalb muss bei der Bewertung von Vorstandsakten das Unternehmen als Ganzes betrachtet werden, denn sie hat Auswirkungen auf die Bewertung anderer Teilüberlieferungen.

Die Bewertung von Akten durch das Archiv hat generell zwei Ziele:

Als Erstes sollen die für die Geschichte des Unternehmens notwendigen Quellen gesichert, zum Zweiten das Material auf ein Ausmaß reduziert werden, das mit begrenzten personellen, finanziellen und räumlichen Kapazitäten der Archive bearbeitet, konserviert und zugänglich erhalten werden kann.

Diese beiden Ziele lassen sich nicht in jedem Fall in Einklang bringen.

Renate Köhne-Lindenlaub empfiehlt daher für Wirtschaftsarchive ein Bewertungsmodell, nach dem die „Überlieferung genau festgelegter, zentraler Stellen" als „Konzentrat der gesamten Aktivitäten des Unternehmens vollständig in das Archiv übernommen" werden soll. Hinzu kommen noch die Publikationen des Unternehmens, die ebenfalls, und zwar schon beim Erscheinen, vollständig übernommen werden.[6]

Danach bilden die „Unterlagen aus dem Vorstands- bzw. Geschäftsleitungsbereich, d. h. aus den Sekretariaten der einzelnen Vorstände sowie ggf. aus dem zentral tätigen Vorstandsbüro" diejenige zentrale Überlieferung, die vollständig übernommen werden sollte.

In einem zweiten Schritt wird dann auf „den hierarchisch folgenden Ebenen" nur noch das „Wichtige" erhalten und „die Menge der Überlieferung stark reduziert".

Je tiefer in der Hierarchie eine Abteilung bzw. ein Bestand angesiedelt ist, desto geringer ist der Anteil der archivwürdigen Unterlagen. Die Unterlagen der in der Hierarchie ganz unten verorteten Abteilungen werden komplett vernichtet. Angewandt auf die Dresdner Bank ergibt sich daraus das folgende Schaubild:

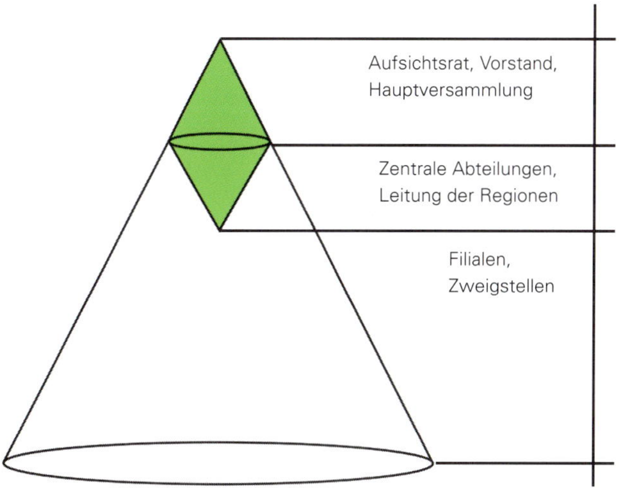

Der Kegel symbolisiert die hierarchisch organisierten Abteilungen der Bank mit ihren Unterlagen. Grün ist derjenige Teil der Unterlagen, die archivwürdig sind. Weiß ist der nicht archivwürdige Teil.

Es ist zu erkennen, dass Bewerten nicht nur „Erhalten des Wichtigen“ bedeutet, sondern auch Verlust bzw. Vernichtung von Information. Natürlich wird es auch ohne das Eingreifen des Archivs zu Informationsverlusten kommen, daher kommt es darauf an, diesen Schaden so zu steuern, dass nur entbehrliche Fakten vernichtet werden.

Ich schlage daher ein Bewertungsverfahren der Gesamtüberlieferung von Banken in mehreren gleichförmigen Stufen vor, die sich jeweils nur in der Größe der Bewertungseinheiten unterscheiden:

1. Stufe: Identifizierung derjenigen Bestände, die vollständig übernommen und archiviert werden (grüner Teil des Kegels) und derjenigen, die vollständig vernichtet werden können, ohne dass das Archiv an Evidenz- oder Informationswert verliert (weißer Teil des Kegels).
2. Stufe: Aus der Schicht dazwischen, dem Bereich der zentralen Abteilungen und der Regionalleitungen, werden wiederum diejenigen Unterbestände ausgewählt, die vollständig archivwürdig, und diejenigen verworfen, die vollständig kassabel sind.

Die Bewertungseinheit wird sukzessive nach jedem Schritt um eine Stufe verfeinert (vom Bestand zum Unterbestand zur Aktengruppe oder -serie bis hinunter zur Akte). So können viele Unterlagen schnell bewertet und das Hauptaugenmerk auf die problematischen Teile der Gesamtüberlieferung konzentriert werden.

Das Verfahren stößt allerdings dort auf Probleme, wo es keinen Aktenplan, sondern nur Listen des Vorhandenen gibt. Zudem mangelt es häufig an Funktionsbeschreibungen der Aktenbildner. Ein Zustand, wie er in der Dresdner Bank ausgesprochen häufig anzutreffen ist.

Die zur Bewertung notwendigen Informationen müssen dann den Akten selbst entnommen werden, was einer Einzelbewertung wieder relativ nahe kommt. So scheint das iterative Verfahren schon nach der ersten Stufe an seine Grenzen zu gelangen.

Nach welchem Kriterium wird nun die zentrale Überlieferung identifiziert? Nach meiner Erfahrung sollte ein funktionales Kriterium gewählt werden: D.h. die Akten derjenigen Manager, die zentrale Aufsichts- und Leitungsfunktionen ausüben, also der Mitglieder des Aufsichtsrats und des Vorstands, werden vollständig übernommen.

Die Leiter der großen zentralen Abteilungen (bei der Dresdner Bank: Corporate Center, bestehend aus Beteiligungsverwaltung, Compliance/Security, Finanzen/Controlling, Risikocontrolling, Kreditsekretariat, Volkswirtschaft, Unternehmenskommunikation u.a.) und der Niederlassungsbereiche und Regionen dagegen führen die Beschlüsse der Leitungsebene nur aus und arbeiten bei der Entscheidungsfindung allenfalls zu. Der Spielraum für eine eigene Politik ist deutlich eingeschränkt. Die Unterlagen der Abteilungsleiter sind daher nur eingeschränkt archivwürdig und müssen im Einzelnen betrachtet werden.

Damit ist die Frage nach der Bewertung von Vorstandsakten eigentlich schon beantwortet: Die Büronachlässe der Mitglieder der Leitungsebene werden komplett übernommen.

Die eigentliche Bewertungsentscheidung reduziert sich damit auf die Frage, ob ein Manager dem oben definierten Kreis angehört oder nicht.

So wie die Bank der Leitung des Vorstandes folgt, so muss auch die Bewertung der Abteilungsunterlagen der Bewertung der Vorstandsunterlagen folgen, sowohl in zeitlicher wie in inhaltlicher Hinsicht. Der Sinn der Aktivitäten der untergeordneten Stellen erschließt sich erst im Zusammenhang, und der ist in den übergeordneten Stellen zu finden. Die Vorstandsunterlagen haben also auch in der Bewertung eine Leitungs- und Steuerungsfunkion.

Bei der Beurteilung der Abteilungen der Dresdner Bank unterhalb der Leitungsebene müssen die folgenden Fragen beantwortet werden:

- Welche Funktion übt eine Abteilung aus? Muss diese Funktion im Historischen Archiv belegt werden?
- Wenn ja, bilden die Akten der Abteilung diese Funktion adäquat ab? Oder tragen sie nichts zum Bild bei?

Diese Fragen sind auf jeder weiteren Stufe des iterativen Verfahrens erneut zu stellen.

Aus alledem wird deutlich, dass das Archiv erst die Aktenbildner bzw. deren Funktion bewertet, bevor es sich mit den Akten selbst befasst. Die Akten sind, auch für das Archiv, nur ein Mittel. Zweck ist es, die Geschichte der Organisation zu belegen, die sich in den Akten niedergeschlagen hat.

IV

Bisher hat das Historische Archiv der Dresdner Bank Unterlagen des beschriebenen Kreises im Umfange von ca. 5000 Akteneinheiten übernommen.[7] Von den erhaltenen Unterlagen ist das ein relativ geringer Teil (schätzungsweise 3-5 %), wenn auch die absolute Menge doch ziemlich beachtlich ist.

Lässt sich die Menge möglicherweise weiter reduzieren? Ist der Ansatz von Köhne-Lindenlaub den Vorstandsakten der Dresdner Bank wirklich angemessen? Um diese Fragen zu beantworten, betrachten wir zuerst die Funktionen der Leitungsebene und fragen dann, ob alle Funktionen nach dieser Definition archivwürdig sind.

Selbstverständlich ist es die Aufgabe der Leitungsebene, die Bank, das heißt vor allem: die Bankmitarbeiter, zur Erfüllung ihrer Aufgaben anzuleiten. Im betriebswirtschaftlichen Sinne bedeutet dies, dass ein möglichst hoher Gewinn erwirtschaftet werden soll. Die Akten des Vorstandes spiegeln den Weg, um dieses Ziel zu erreichen. Entsprechend haben sie vor allem eine Steuerungsfunktion.

Die Akten bilden den Tätigkeitsbereich des Vorstandes in seiner ganzen Komplexität ab. Kassabel wären also allenfalls Unterlagen, die zu diesem Abbild nichts beitragen. Vielleicht lassen sich bei näherer Betrachtung einige Bereiche identifizieren, deren Aussagekraft gering ist. Der Vorstand leitet das Unternehmen in Gesamtverantwortung. Einzelne Ressorts und regionale Gliederungen werden dabei an einzelne Mitglieder delegiert. Jedes Vorstandsmitglied hat seine Abteilungen und Regionen, die von ihm speziell betreut werden. Diese Ressorteinteilung ist nicht statisch, sondern wird bei Bedarf neu zugeschnitten.

Die Gesamtverantwortung des Vorstandes drückt sich in den Protokollen der Vorstandssitzungen aus. Dort berichten die einzelnen Mitglieder aus ihren Ressorts. Deshalb bieten diese Niederschriften einen Überblick über alle wichtigen Themen auf hohem Aggregierungsgrad. Die hier behandelten Themen sind von so zentraler Bedeutung, dass die knappen Erwähnungen in den Protokollen keine ausreichenden Belege bieten. Die Akten der zuständigen Vorstandsmitglieder müssen demgemäß ebenfalls archiviert werden.

Der Dresdner Bank-Konzern besteht, wie die meisten anderen Großbanken auch, nicht nur aus der Bank selbst, sondern auch aus Tochterunternehmen und übernommenen Instituten, die zwar eigene Rechtspersönlichkeiten bilden, aber wirtschaftlich nicht eigenständig operieren. Sie sind vonseiten der Muttergesellschaft einer einheitlichen Leitung unterworfen. Diese zentrale Lenkung wird meist über die Wahrnehmung von Aufsichtsratsmandaten und durch persönliche Interventionen ausgeübt.

Alle Unterlagen, die die Konzernleitung betreffen, sind daher zweifellos vollständig archivwürdig.

Darüber hinaus bewilligt der Vorstand große Kredite und andere Geschäfte, die von den untergeordneten Abteilungen zur Genehmigung vorgelegt werden müssen. Auch diese Unterlagen sind prinzipiell archivwürdig, denn sie bieten einen Überblick über die wichtigen Engagements der Bank. Dass sich der Vorstand die Entscheidung vorbehält, ist ein Indiz für die große Bedeutung des Geschäfts bzw. des Kunden für die Bank.

An dieser Stelle ist noch einmal ein Hinweis auf das Bankgeheimnis notwendig: Wichtige Kundenengagements der Bank werden in den Sitzungen des Vorstandes und des Aufsichtsrates, speziell der Kreditkommission, verhandelt. Die entsprechenden Protokolle können deshalb externen Benutzern nur unter erheblichen Einschränkungen zur Einsicht vorgelegt werden. Hier muss das Archiv sicherstellen, dass dem Benutzer ausschließlich solche Informationen zur Kenntnis gelangen, die er berechtigt ist einzusehen. Das heißt in der Konsequenz, dass dem Benutzer nur Kopien vorgelegt werden können, in denen „kritische" Stellen geschwärzt sind.

Im Falle der Dresdner Bank gilt dies aber nicht für die Protokolle der Zeit von 1932 bis 1945, die als Mikrofilmkopien im Nationalarchiv in Washington bereits veröffentlicht sind. Daher stehen die Originale, die im Besitz des Historischen Archivs sind, zur Einsicht offen, denn alle darin enthaltenen Geheimnisse sind bereits aufgedeckt.

Schließlich sollte in Betracht gezogen werden, dass die Nachlässe von Vorstandsmitgliedern dem Archiv schon in einer mehr oder weniger reduzierten Form angeboten werden, da schon während der aktiven Zeit der entsprechenden Person laufend Unterlagen ausgesondert und kassiert worden sind. Aufgrund fehlender Richtlinien behalten sich viele Vorstände bei der Abgabe von Akten vor, selbst Bewertungen vorzunehmen, in dem Sinne, dass sie entscheiden, welche Unterlagen dem Archiv angeboten werden.

Das führt oft zu Entscheidungen, die im Ergebnis nicht viel anders ausfallen als die Bewertungen des Archivs, denn meist weiß der Aktenbildner sehr gut das Wichtige vom Unwichtigen zu unterscheiden. Unbefriedigend bleibt aber doch, dass solche Bewertungen in der Regel nicht dokumentiert und ohne Kenntnis der weiteren Archivinhalte getroffen werden. Das Auffüllen von Lücken oder die Vermeidung von Redundanzen wird so jedenfalls erheblich erschwert.

Die Protokolle der verschiedenen Leitungsgremien der Bank liegen oft in zahlreichen Ausfertigungen vor: Zum einen als Entwürfe oder endgültige Fassungen im Vorstandssekretariat bzw. der Rechtsabteilung, zum Anderen als Arbeitsexemplare bei den einzelnen Gremienmitgliedern und anderen Beteiligten. Prinzipiell muss jeweils nur ein kompletter Satz in das Archiv aufgenommen werden, möglichst das offizielle Original. Alle weiteren Exemplare sind redundant und könnten daher vernichtet werden. Viele Vorstandsmitglieder bewahren ihre Protokolle aber nicht in einer gesonderten Serie auf, sondern in Akten mit Titeln wie „Vorstandssitzungen" oder ähnlich, in denen auch andere zugehörige Unterlagen wie Korrespondenzen, Vorlagen und Vorlagenentwürfe und vieles andere abgelegt sind. Da die ganze Akte als kleinste Bewertungseinheit anzusehen ist, werden die redundanten Protokolle aus diesen Akten nicht entfernt. Selbst als separierbare Serie gehaltene Vorstandsprotokolle müssen in den Archiven der Vorstandsmitglieder gehalten werden, wenn sie mit Randbemerkungen und Kommentaren versehen sind.

Obwohl überflüssige Protokollserien also prinzipiell kassiert werden könnten, stehen dem in vielen Fällen gewichtige Gründe entgegen. Die Verminderung der Aktenmengen bleibt in jedem Fall gering.

Unterlagen, in denen die Ausübung von Aufsichtsratsmandaten bei wichtigen Kunden oder bei Bankbeteiligungen dokumentiert ist, sind oft in großer Zahl vorhanden. Sie enthalten Material, das nicht in der Bank entstanden ist, wie Bilanzen, Quartals- und Jahresberichte, Prüfberichte u.ä. Dieses Material müsste bei den entsprechenden Unternehmen archiviert sein und fiele daher nicht in die Kompetenz des Bankarchivs. Aber so wie Bilanzen des Kreditnehmers ein wichtiger Bestandteil jeder Kreditakte sind, so gehören die erwähnten Unterlagen in die jeweiligen Mandatsakten. Sie enthalten nämlich wichtige Informationen über die Situation des Unternehmens und sind damit

Mit dem Umzug in neue Magazinräume im Jahre 2001 begann die systematische Bewertungs- und Verzeichnungsarbeit. Die Aufnahme zeigt die Unterlagen in unterschiedlichen Bearbeitungszuständen: Während die meisten Akten noch in ihren ursprünglichen Behältnissen aufbewahrt sind, aber sämtlich schon Aufkleber mit vorläufigen Signaturen tragen, sind im mittleren Teil des Regals schon die fertig bearbeiteten und in blauen Archivkartons gelagerten Dokumente zu erkennen.

sowohl für den Mandatsträger als auch für den Forscher, der die auf diesem Informationsstand gefällten Entscheidungen der Mandatsträger nachvollziehen muss, von erheblicher Bedeutung. Für die Bank müssen diese Entscheidungen ebenfalls nachvollziehbar bleiben – es handelt sich um „entscheidungsrelevantes Wissen“[8]. Die Archivwürdigkeit derartiger Unterlagen ist also in der speziellen bankbezogenen Zusammenstellung dieser Informationen begründet.

Es muß dabei nicht besonders betont werden, dass Mandatsakten damit einer dem Bankgeheimnis vergleichbaren Geheimhaltung unterliegen, dem externen Forscher also nur in begründeten Ausnahmefällen zur Einsicht vorgelegt werden können.[9]

In den Vorstandsakten wird die Situation der Bank von einer hierarchisch hohen Ebene aus betrachtet. Top-Manager entscheiden über die große Richtung. Details werden im Allgemeinen den nachgeordneten Stellen überlassen.

Manche Fragestellungen werden vom Vorstand aber für so wichtig erachtet, dass sie zur Chefsache gemacht und detailliert behandelt und geregelt werden. Auch solche Spezialakten sollten erhalten werden, da sie einen besonderen Blick auf besondere Themen oder zeitbedingte Prioritäten leitender Persönlichkeiten erlauben.

V

Wir haben also keine Unterlagen aus den Vorstandsarchiven gefunden, deren Vernichtung die Aussagekraft der Gesamtüberlieferung nicht erheblich beeinträchtigen würde. Zudem wäre die Reduzierung der Menge in jedem Falle nur gering.

Die eigentliche große Verringerung der Masse der Gesamtüberlieferung findet in den unteren Bereichen der Hierarchie statt. In dem hier interessierenden Bereich, den Registraturen der Leitungsebene, ist sie kaum zu erwarten.

Schließlich haben wir mit der Zugehörigkeit zur Leitungsebene ein einfach zu handhabendes Kriterium, das die Bewertungsarbeit erheblich erleichtert. Auf Bewertungen einzelner Akten kann in diesem Bereich ganz verzichtet werden. Bewerten heißt entscheiden, und gute Entscheidungen zu treffen, ist eine zeitraubende Arbeit. Mit dem vorliegenden Konzept kann die Bewertung durch Konzentration auf die eigentlich problematischen Bereiche erheblich verkürzt werden, ohne Qualitätseinbußen bei den Ergebnissen befürchten zu müssen.

Anmerkungen

1 Zur Bewertungsdiskussion aus Sicht der Wirtschaftsarchive siehe Renate Köhne-Lindenlaub, Erfassen, Bewerten, Übernehmen, in: Handbuch für Wirtschaftsarchive. Theorie und Praxis, hrsg.v. Evelyn Kroker u.a., München 1998, S. 99-134.

2 Theodore R. Schellenberg, Die Bewertung modernen Verwaltungsschriftguts, übersetzt und herausgegeben von Angelika Menne-Haritz (Veröffentlichungen der Archivschule Marburg, 17), Marburg 1990, S. 27ff.

3 Ernst Bernheim, Lehrbuch der historischen Methode und der Geschichtsphilosophie, dritte und vierte, völlig neu bearbeitete und veränderte Auflage, Leipzig 1903, Kap. III, § 1, S. 228 ff. Bernheim entwickelt hier die ältere Unterscheidung Droysens zwischen Quellen, Überresten und Denkmälern weiter, siehe Johann Gustav Droysen, Historik. Vorlesungen über Enzyklopädie und Methodologie der Geschichte, hrsg. von Rudolf Hübner, 7., unveränderte Auflage, München, Wien 1974, S. 37 ff. und S. 332 ff.

4 Zum Thema Bankgeheimnis allgemein siehe Siegfried Sichtermann, Bankgeheimnis und Bankauskunft in der BRD sowie in wichtigen Ausländischen Staaten, Frankfurt/Main 3/1984. Die Problematik des wissenschaftlichen Zugangs zu Bankarchiven diskutieren u.a. die Rechtsgutachten von Urs Zulauf (MS, Bern 1993) und Werner de Capitani (Zürich 2002) über Bankgeheimnis und historische Forschung. Beide Gutachten entstanden im Auftrag des Vereins für Bankgeschichte (Schweiz und Liechtenstein).

5 Zu Fragen des Bankgeheimnisses vor dem Hintergrund der Aufarbeitung nachrichtenloser Vermögen in der Schweiz siehe Jörg Hagmann, Archivische Bewertung in Bankarchiven, in: Schweizerische Zeitschrift für Geschichte, 51. Jg. (2002), H. 4, S. 513-527.

6 Köhne-Lindenlaub, a.a.O., S. 106ff.

7 Stand 2003. Seitdem sind in großem Umfang Akten aus den Leitungsbereichen hinzugekommen.

8 Jürg Hagmann, Archivische Bewertung in Bankarchiven, in: Archiv und Wirtschaft 35 (2002), S. 65-74, hier S. 69.

9 Wie die Kundenakten dürfen Mandatsakten Dritten nur dann vorgelegt werden, wenn das betroffene Unternehmen selbst einem solchen Vorgehen zugestimmt hat.

Am Ende des Archivierungsprozesses steht ein systematisch aufbereitetes Verzeichnis. Wie der Blick in die 1999 noch ungeordneten und in unterschiedlichen Stadien der Auflösung befindlichen Aktenbestände zeigt, war es bis dahin ein weiter Weg.

Der Aktenbestand Dresdner Bank – Ein Verzeichnis

Andreas Graul

„Quod non est in actis, non est in mundo" (Was nicht in den Akten ist, ist nicht in der Welt). Dieser aus der Antike stammende Rechtsgrundsatz meint, dass das, was in einem Verfahren nicht vorgetragen wurde und damit nicht in die Akten gelangt ist, bei der richterlichen Entscheidung auch nicht berücksichtigt werden kann. Übertragen auf das Feld der Geschichtsschreibung kann man diesen Satz aber so verstehen, dass eine Handlung nur dann auf Dauer im Gedächtnis bleiben wird, wenn sie mit Quellen belegt ist.

Dies gilt nicht zuletzt auch für die Geschichte von Unternehmen. Zahlreiche, einstmals erfolgreiche Firmen sind nach ihrer Auflösung und der Vernichtung ihrer Archive heute nur noch dem Namen nach bekannt. Im Bereich der Banken hat z.B. die Disconto-Gesellschaft und die Darmstädter und Nationalbank, beide für die industrielle Entwicklung Deutschlands seit der Mitte des 19. Jahrhunderts zentrale Institute, dieses Schicksal getroffen. Ihre Archive verschwanden nach ihrer Übernahme durch die Deutsche Bank im Jahre 1929 bzw. durch die Dresdner Bank im Jahre 1932 fast spurlos.[1]

Der Dresdner Bank selbst ist dagegen nach der Übernahme durch die Commerzbank im Jahre 2008 ein solches Geschick erspart geblieben. Ihre umfangreichen, gut 14 laufende Kilometer umfassenden Aktenbestände sind heute ein integraler Bestandteil des Historischen Archivs der Commerzbank und bilden damit die Voraussetzung für ein Nachleben dieser traditionsreichen Großbank in der Geschichtsschreibung des Kreditwesens im 19. und 20. Jahrhundert.

Eine zentrale Rolle bei der Sicherung dieser Überlieferung übernahm dabei das im Herbst 1999 gegründete Historische Archiv der Dresdner Bank. Nach einer ersten Sammlung, Sichtung und Bewertung der an verschiedenen Standorten der Bank aufbewahrten Akten entwickelte man auf der Basis der vorgefundenen Organisationsstrukturen der Bank und mithilfe des archivischen Provenienzprinzips eine eigene Tektonik, um das weiter zuwachsende Archivgut in eine hierarchisch aufgebaute Bestandsgliederung einzufügen. Nicht allen der 285 gebildeten Bestände konnte jedoch auch wirklich Archivgut zugeordnet werden, da ein Teil der möglichen Registraturbildner keine Überlieferung hinterließ. Damit erwies sich die zunächst relativ breit und detailliert gegliederte Tektonik für die Erschließung des Archivguts als zu starr; nachträglich vorgenommene Vereinfachungen hatten durch das Ende der Dresdner Bank nur noch fragmentarischen Charakter.

Nach der Übernahme durch die Commerzbank wurde das gesamte Archivgut der Dresdner Bank als Bestand HAC-500 in das Historische Archiv der Commerzbank übernommen und die bisher bestehenden Aktengruppen zur besseren Abgrenzbarkeit als Unterbestände mit der Bezeichnung „Provenienzen" fortgeführt. Auf weitere Untergliederungen wurde verzichtet.

Das vorhandene Archivgut ist zum jetzigen Zeitpunkt insgesamt 359 Provenienzen zugeordnet. Zu ihnen gehören Vorgänger- und Tochterunternehmen, Niederlassungen im In- und Ausland, Gremien und Struktureinheiten sowie die im Geschäftsgang entstandenen Vor- und Nachlässe leitender Personen.

Die Provenienzen umfassen insgesamt 147.488 verzeichnete Akteneinheiten (Stand: 31.08.2012), wobei knapp 60.000 bereits endgültig und 30.300 Akteneinheiten vorläufig verzeichnet sind (Stand: 15.05.2013). Veränderungen im Umfang der ursprünglich erfassten Akteneinheiten ergaben sich durch eine größere Bereinigung vor allem im Bereich der Währungsumstellung von 1948 und der sogenannten Wertpapierbereinigung der 1950er Jahre, die im Herbst 2012 durchgeführt wurde. Die Kassation betraf knapp 53.000 vorläufig verzeichnete Akteneinheiten und unverzeichnetes Material im Umfang von nicht ganz 4.000 laufenden Meter Massenschriftgut.[2]

Zur Verzeichnung nutzte das Historische Archiv der Dresdner Bank von Beginn an die Archivsoftware FAUST, die vom Historischen Archiv der Commerzbank übernommen wurde.

Die Verzeichnungstiefe der einzelnen Provenienzen ist dabei durchaus unterschiedlich. In den ersten Jahren der Tätigkeit des Historischen Archivs der Dresdner Bank wurde, um die Akten der Forschung schneller zur Verfügung stellen zu können, auf eine intensivere Verzeichnung weitgehend verzichtet. Schwerpunkt des historischen Interesses bildete im Zeitraum von 1998 bis 2006 die Geschichte der Dresdner Bank in der Zeit des Nationalsozialismus.

Bei Kunden- und Kontounterlagen sowie Kreditakten erfolgte in der Regel nur eine einfache Titelaufnahme, häufig aber auch lediglich eine Vergabe von Archivaliensignaturen ohne Aufnahme in die Archivsoftware. Parallel zur intensiveren Nutzung der Akten des Vorstandes, des Aufsichtsrats, der Konsortialabteilung, des Industriebüros, des Nachlasses Jürgen Pontos, der Volkswirtschaftlichen Dokumentation und des Personalbüros konnten seit 2006 jedoch weite Teile der Überlieferung gründlicher nachverzeichnet werden. Aktengruppen mit einer höheren Nutzungsintensität stehen auch weiterhin im Mittelpunkt der Verzeichnungsarbeiten des Historischen Archivs.

Im Folgenden wird zunächst die Gliederung des Gesamtbestandes vorgestellt und in einem zweiten Teil einzelne, besonders wichtige Provenienzen näher erläutert. Der dritte Teil verweist auf diejenigen Aktenbestände der Dresdner Bank, die nach der Verstaatlichung der Kreditinstitute in der sowjetischen Besatzungszone in den Besitz der dortigen Staatsarchive gelangten und bis heute dort verblieben sind sowie auf Provenienzen in Polen und den USA.

Anmerkungen

1 Zum Verlust der Akten der Disconto-Gesellschaft siehe Harold James, Martin L. Müller (Hrsg.), Georg Solmssen. Ein deutscher Bankier. Brief aus einem halben Jahrhundert 1900–1956, München 2012, S. 59, Fn. 94. Die Akten der Danatbank dürften einer Makulierungsaktion zu Beginn der 1940er Jahre zum Opfer gefallen sein.

2 Eine Verordnung der Bundesregierung unter Leitung von Bundeskanzlerin Merkel vom 21. Dezember 2005 legte das Ende der Aufbewahrungsfrist von Unterlagen der Wertpapierbereinigung auf den 31. Dezember 2005 fest. Die Fristen waren durch die Wiedervereinigung verlängert worden, um auch den Bürgern der neuen Bundesländer die Möglichkeit zu geben, entsprechende Ansprüche geltend machen zu können. In einem Schreiben an die Commerzbank vom 5. Juni 2012 erläuterte die Bundesanstalt für die Finanzaufsicht (BaFin) das durch das Erlöschen der Dresdner Bank – Altbank im Jahre 1983 eine Tilgung möglicher Ausgleichsforderungen rechtlich nicht mehr möglich ist und somit auch kein besonderes öffentliches Interesse mehr an der Aufbewahrung entsprechender Unterlagen zur Vorbereitung der Abwicklungsrechnung besteht (Schreiben der BaFin vom 05.06.2012).

I. Bestandsgliederung

Der Bestand HAC-500 (Dresdner Bank) im Historischen Archiv der Commerzbank gliedert sich hierarchisch wie folgt:*

A. Dresdner Bank 1872–1945 (Altbank) (46.237 AE**)

1. Leitung (257 AE)

1.1. Aufsichtsrat (Nr. 135 / 164 AE)①
1.2. Vorstand (Nr. 126 / 93 AE)①

2. Zentralabteilungen (33.071 AE)

2.1. Direktionskabinett (Nr. 170 / 307 AE)
2.2. Vorstandssekretariat (Nr. 202 / 134 AE) [Betreuung Tochtergesellschaften I Affiliationen]
2.3. Konsortial-Abteilung (Nr. 87 / 1987 AE)①
2.4. Hauptabteilung Berlin (Nr. 4 / 148 AE)
2.5. Filial-Büro (Nr. 152 / 1259 AE)
2.6. Industriebüro (Nr. 127 / 3222 AE)① [Abwicklung notleidender Engagements, Arisierungen]
2.7. Genossenschafts-Abteilung (Nr. 124 / 6 AE)
2.8. Auslands-Abteilung (Nr. 60, 96, 130 / 157 AE) [Akten bis 1957]
2.9. Haupt-Buchhaltung (Nr. 5, 128, 277 / 255 AE)
2.10. Organisations-Abteilung (Nr. 256 / 60 AE)
2.11. Korrespondenz-Abteilung (Nr. 104 / 2726 AE)
2.12. Personal-Abteilung (Nr. 137 / 10945 AE)① [Personalakten Dresdner Bank, Danatbank, Vorgängerinstitute]
2.13. Juristisches Büro (Nr. 110, 167 / 24 AE) [Akten bis 1950]①
2.14. Volkswirtschaftliche Abteilung. (Nr. 65, 193 / 11681 AE)① [weitere 500 nur per Findkartei erfasste Akteneinheiten]
2.15. Stempel-Vereinigung (Nr. 107 / 2 AE)

* Die mit ① versehenen Gliederungspunkte werden in Teil II ausführlicher erläutert.
** AE=Akteneinheiten.

2.16. Pensionskasse (Nr. 95 / 45 AE)
2.17. NSBO-Betriebszelle (Nr. 280 / 2 AE)
2.18. Dresdner Bank (Nr. 213 / 111 AE)
[provenienzmäßig nicht eindeutig zuzuordnende Unterlagen]

3. Abwicklungsabteilungen (8.118 AE)
3.1. Verlagerungsabteilung (Nr. 80 / 7709 AE) [Abwicklungsunterlagen der Altbank bis 1980]
3.2. Nürnberger Prozess (Nr. 125 / 409 AE)①
[Unterlagen zur Rasche-Verteidigung; Provenienz: Rechtsabteilung]

4. Büronachlässe (4 AE)
4.1. Eugen Gutmann (Nr. 357 / 3 AE)
4.2. Berend Hermann Goos (Nr. 353 / 1 AE)

5. Tochtergesellschaften (2.739 AE)
5.1. Dresdner Bank Lateinamerika (Nr. 6 / 2597 AE)①
[vorm. Deutsch-Südamerikanische Bank; bis 2009]
5.2. Allgemeine Waren Finanzierungs GmbH (Nr. 1 /131 AE]
5.3. Kommerzialbank Krakau (Nr. 102 / 100 AE)
5.4. Deutsche Orientbank (Nr. 171 / 7 AE)
5.5. Ostbank AG, Posen (Nr. 264 / 14 lfdm.)

6. Übernommene Institute (2.048 AE)
6.1 . Darmstädter Bank (insgesamt 187 AE)
6.1.1. Bank für Handel und Industrie / Darmstädter Bank (Nr. 189 / 1 AE)①
6.1.2. Bankhaus Warschauer & Co., Berlin (Nr. 172 / 134 AE)
6.1.3. Deutsche Nationalbank (Nr. 190 / 46 AE)
6.1.4. Nationalbank für Deutschland (Nr. 123 / 1 AE)
6.1.5. Darmstädter und Nationalbank KGaA (Nr. 122 / 5 AE)①
6.2. Bremer Bank (Nr. 40, 232 / 553 AE)①
[1856–1957; ab 1895 Niederlassung der Dresdner Bank]
6.3. Bankhaus Bernhard Loose & Co., Bremen (Nr. 191 / 82 AE)
6.4. Bankhaus Halder / v. Stetten, Augsburg (Nr. 346 / 8 AE)
6.5. Continentale Bank, Brüssel (Nr. 225 / 1 AE)
6.6. Mecklenburgische Hypotheken- und Wechselbank (Nr. 226 / 74 AE)①

6.7. Ritterschaftl. Kreditinstitut des Fürstentums Lüneburg, Celle (Nr. 227 / 188 AE)①
6.8. Bankhaus Hardy & Co. Berlin (Nr. 150 / 953 AE) [Laufzeit bis 1980]
6.9. Böhmische Escompte Bank, Prag (Nr. 269 / 1 AE)
6.10. Rheinisch-Westfälische Disconto-Gesellschaft (Nr. 260 / 1 AE)

7. Filialen (53.376 AE)

Nach Filialorten geordneter Aktenbestand mit insgesamt 53.376 verzeichneten Einheiten. Davon 1030 AE ehemalige deutsche Ostgebiete, Sudetenland sowie deutsch besetzte Gebiete in Polen und Frankreich. Zeitlicher Überlieferungsschwerpunkt: 1931–1948.
In den Filialakten sind in der Regel enthalten:

- Kontokarten: Giro-, Spar-, Depotkarten,
- Kundenkorrespondenz: u.a. mit jüdischen Kunden (z. T. eigene „Judenakten"),
- Korrespondenz mit staatlichen Stellen: u.a. Meldung „jüdischer Konten",
- Kundenkorrespondenz im Zusammenhang mit Währungsumstellung und Wertpapierbereinigung,
- Kreditakten (Firmen-, Privatkunden),
- Grundstücksakten,
- Hauptbücher.

B. Dresdner Bank 1948–1956 (Nachfolgeinstitute) (12.653 AE)

1. Teilinstitute 1.200 AE

1.1. Süddeutsche Kreditanstalt, Freiburg (Nr. 11 / 4 AE)
1.2. Lübecker Bank für Handel und Industrie (Nr. 46 / 4 AE)
1.3. Hamburger Kreditbank AG (Nr. 48 / 75 AE)
1.4. Rhein-Ruhr Bank AG, Düsseldorf (Nr. 51 / 420 AE)
1.5. Bankanstalt für Württemberg und Hohenzollern (Nr. 52 / 2 AE)
1.6. Bayr. Bank für Handel und Industrie, München (Nr. 56 / 87 AE)
1.7. Rhein-Main Bank AG (Nr. 66 / 331 AE)
1.8. Allgemeine Bankgesellschaft, Stuttgart (Nr. 71 / 24 AE)

1.9. Niederdeutsche Bankgesellschaft, Hannover (Nr. 86 / 8 AE)
1.10. Niedersächsische Bank, Hannover (Nr. 212 / 37 AE)
1.11. Bank für Handel und Industrie, Berlin (Nr. 134 / 208 AE) [bis 1989]

2. Leitungsorgane (367 AE)

2.1. Vorstandsgruppe / Zentraldirektion West (Nr. 82, 99 / 11 AE)
2.2. Vorstand (Nr. 97 /237 AE)
2.3. Neuer Kreis (Nr. 192 / 35 AE)
2.4. Treuhänder (Nr. 81 / 84 AE) [für das in der britischen Zone befindliche Vermögen der Bank]

3. Zentralabteilungen (11.086 AE)

3.1. Zentralstelle (Nr. 54 / 49 AE) [zentrale Koordination der Nachfolgeinstitute]
3.2. Zentralbuchhaltung (Nr. 100 / 1100 AE)
3.3. Rechtsabteilung (Nr. 98, 174, 186 / 7837 AE)ⓘ [Frankfurt, Hamburg, Düsseldorf]
3.4. Konsortialabteilung (Nr. 34, 105 / 621 AE)
3.5. Auslandsabteilung (Nr. 101, 177 / 301 AE)
3.6. Organisationsabteilung (Nr. 293 / 15 AE)
3.7. Börsenabteilung (Nr. 165 / 27 AE)
3.8. Wertpapiergeschäft (Nr. 165 / 27 AE)
3.9. Abwicklung Altbank (Nr. 108 / 1109 AE)

C. Dresdner Bank AG 1956–2009 (29.202 AE)

1. Leitung (8.911 AE)

1.1. Aufsichtsrat (Nr. 257 / 55 AE)
1.2. Vorstand (Nr. 121, 133, 138, 162, 163, 169, 175, 176, 179, 181, 182, 185, 194, 199, 201, 203, 204, 205, 206, 207, 211, 214, 213, 217, 218, 219, 228, 229, 243, 245, 253, 254, 272, 343, 336, 337 / 8856 AE)
[incl. Vorstandssekretariat; enthält die Büronachlässe von 33 Vorstandsmitgliedern, u.a. Jürgen Ponto, Nr. 121 / 1485 AE,ⓘ Carl Rasche, Nr. 343 / 13 AE; Bernhard Walter, Nr. 201 / 739 AE; Hans Friderichs, Nr. 204 / 626 AE].

2. Zentralabteilungen (15.350 AE)

2.1. Generalsekretariat (Nr. 116, 230 / 123 AE)
2.2. Unternehmenskommunikation (Nr. 195, 238 / 2250 AE)
2.3. Volkswirtschaftliche Abteilung (Nr. 196 / 3008 AE)
2.4. Rechtsabteilung (Nr. 197, 198, 246 / 3282 AE)① [Berlin, Frankfurt; zzgl.: 660 lfdm. verzeichnete Altregistratur]
2.5. Inlandsabteilung (Nr. 255 / 4 AE)
2.6. Auslandsabteilung (Nr. 260 / 13 AE)
2.7. Hauptversammlungen (Nr. 268 / 5 AE)
2.8. Finanzen (Nr. 234, 267 / 5 AE) [incl. Depotbuchhaltung]
2.9. Institutional Restructuring Unit (Nr. 342 / 1 AE)
2.10. Historisches Archiv der Dresdner Bank (Nr. 246, 347 / 63 AE) [incl. Altbankarchiv Berlin]
2.11. Beteiligungen und Mandate (Nr. 132, 242 / 6596 AE) [bis 2009]

3. Tochtergesellschaften (2.992 AE)

3.1. Bremer Bank (Nr. 232, 233, 235, 236, 237 / 701 AE)
3.2. Bankhaus Wilhelm Reuschel GmbH (Nr. 139, 166 / 53 AE)
3.3. Dresdner Bank Kreditbank AG (Nr. 349 / 7 AE)
3.4. Gesellschaft für Vermögensanlagen KGmbH (Nr 355 / 1 AE)
3.5. Dritte SIB AG (Nr. 354 / 1 AE)
3.6. Dresdner Forfaitierungs AG (Nr. 340 / 1 AE)
3.7. BNP (Kooperation) (Nr. 287 / 13 AE)
3.8. DEGI – Space Park Bremen (Nr. 122 / 1093 AE)
3.9. Deutsche Gesellschaft für Immobilienfonds (Nr. 120 / 2 AE)
3.10. Deutscher Investment-Trust (Nr. 119 / 1120 AE)

4. Übernommene Institute (1.949 AE)

4.1. Hamburgische Baukasse AG (Nr. 220 / 404)
4.2. Deutsche Hypothekenbank Frankfurt (Nr. 221 / 1 AE)
4.3. Bankhaus Otto Scheurmann, Berlin (Nr. 200 / 333 AE)
4.4. Nordd. Hypotheken- und Wechselbank, Hamburg (Nr. 222 / 356 AE)
4.5. Hypothekenbank in Hamburg (Nr. 224 / 110 lfdm.)
4.6. Oberhessische Bank, Friedberg (Nr. 208 / 2,5 lfdm.)
4.7. Pfälzische Hypothekenbank, Ludwigshafen (Nr. 210 / 11208 AE)
4.8. Sloman Bank, Hamburg (Nr. 178 / 1 AE)

II. Beschreibung exemplarischer Einzelprovenienzen

Provenienz: 6. Deutsch-Südamerikanische Bank AG / Dresdner Bank Lateinamerika

Laufzeit: 1906 bis 2000
Umfang: 2597 verzeichnete Akteneinheiten
55 lfm. unverzeichnete Unterlagen
Inhalt: Geschäftsakten, Personalakten, Kreditakten, volkswirtschaftliche Berichte
Literatur: Johannes Bähr, Zwischen zwei Kontinenten. Hundert Jahre Dresdner Bank Lateinamerika vormals Deutsch-Südamerikanische Bank, München 2006.

Die 1906 durch den A. Schaaffhausen'schen Bankverein, die Nationalbank für Deutschland und die Dresdner Bank gegründete Deutsch-Südamerikanische Bank war seit 1932 eine hundertprozentige Tochter der Dresdner Bank AG. Sie erbrachte als deutsche Spezialbank vor allem finanzielle Dienstleistungen für die in Südamerika tätigen deutschen Unternehmen. Eigene Niederlassungen gab es in Argentinien, Peru, Brasilien, Mexiko, Uruguay, Chile, USA und Spanien. Es existierten zahlreiche Beteiligungen an südamerikanischen Banken. Seit 1996 firmierte die Deutsch-Südamerikanische Bank als Dresdner Bank Lateinamerika. Der weitaus größte Teil des Registraturgutes wurde im Jahre 2005 übernommen, nachdem 2004 die Auflösung der Bank durch den Vorstand der Dresdner Bank beschlossen worden war. Im Zusammenhang mit einer Publikation anlässlich des 100. Gründungstages wurde der überwiegende Teil der Unterlagen bewertet und erschlossen.

Enthält u.a.: Wirtschaftsberichte, Aufsichtsratssitzungen, Geschäftsberichte, Korrespondenzen, Reiseberichte.

Provenienz: 41. Bremer Bank

Laufzeit: 1855 bis 1895
Umfang: 64 verzeichnete Akteneinheiten
Inhalt: Protokolle des Verwaltungsrats, Aktien, Banknoten, Kreditakten, Korrespondenzen
Literatur: Harald Wixforth, Unserer lieben ältesten Tochter. 150 Bremer Bank, Dresden 2006.

Die Bremer Bank wurde im Jahre 1856 auf Initiative von Hermann Henrich Meier, dem Gründer des Norddeutschen Lloyd, von Bremer Kaufleuten und Reedern als Notenbank ins Leben gerufen. Nach der Aufgabe ihres Notenprivilegs entwickelte sie sich das Institut zur Universalbank. Das relativ geringe Eigenkapital von 20 Millionen Mark hinderte die Bank an einer weiteren Expansion und bereitete damit den Boden für die Übernahme durch die Dresdner Bank im Jahre 1895. Danach konnte das Institut aus einer Position der relativen Stärke agieren. Ihr Name blieb als „Bremer Bank, Filiale der Dresdner Bank in Bremen“ erhalten.

Enthält u.a.: Fusionsvertrag zwischen der Bremer Bank und der Dresdner Bank; Schreiben des Senats der Hansestadt Bremen an die Handelskammer Bremen, betr. Errichtung einer Aktienbank, 20.12.1855.

Provenienz: 65. Volkswirtschaftliche Abteilung – Firmenarchiv

Laufzeit: 1890 bis 1945

Umfang: 11607 verzeichnete Akteneinheiten, 8941 in Findkartei verzeichnete Akteneinheiten

Inhalt: Firmendossiers, Presseausschnittsammlung, Geschäftsberichte- und Materialsammlung

Literatur: Benjamin Schäf, Die Volkswirtschaftliche Abteilung und das Archiv der Dresdner Bank 1882–1945 und die Geschichte des Archivbestandes nach dem Zweiten Weltkrieg, Diplomarbeit an der Fachhochschule Potsdam 2004.

Die in der volkswirtschaftlichen Abteilung entstandene „volkswirtschaftliche Dokumentation“ hat ihren Ursprung im Ende des 19. Jahrhunderts durch Hjalmar Schacht begründeten „Bankarchiv“ und unterschied sich in ihrer Zielsetzung nicht von gleichen Einrichtungen anderer Banken. Es war in erster Linie Dokumentations- und Informationsstelle des Unternehmens und unentbehrlich für die Arbeit von volkswirtschaftlicher Abteilung insbesondere aber auch der Kredit- und anderer Geschäftsabteilungen. Dokumentationsgegenstand waren auch europäische und außereuropäische Unternehmen. Die akribisch geführten Akten beinhalten allgemein zugängliche Informationen wie Presseberichte aus den Wirtschaftszeitungen, Geschäftsberichte, Statuten und Satzungen, mitunter ergänzt durch Berichte von Wirtschaftsauskunfteien.

Die überwiegende Anzahl der Unterlagen wurde zu Beginn der 1920er Jahre angelegt. Letzte Eintragungen datieren aus den Jahren 1943/1944. Im Jahre 1992 wurde der Bestand vom Rechtsnachfolger des Zentralen Staatsarchivs der DDR, dem Bundesarchiv Berlin, wo er seit 1945 lagerte, an die Dresdner Bank zurückgegeben.

Enthält u.a.: Bremer Bank Bremen; Robert Bosch GmbH, Stuttgart; Ada-Ada Schuh AG Frankfurt-Höchst; Credit Lyonnais, Lyon; Colgate-Palmolive-Peet Company, Chicago; Mosgorbank, Moskau; Mendelssohn & Co., Berlin – Amsterdam.

Provenienz: Konsortialabteilungen

87. Konsortialabteilung (1872 bis 1945)
105. Konsortialabteilung u. Nachfolger (1956 bis 2009)
110. Konsortialabteilung Hamburg
173. Konsortialabteilung Düsseldorf

Laufzeit: 1872 bis 2009
Umfang: 3380 verzeichnete Akteneinheiten, 120 lfm. unverzeichnete Unterlagen der Konsortialabteilungen Düsseldorf und Hamburg
Inhalt: Unterlagen zur Abwicklung der Konsortialgeschäfte, vor allem Aktienemissionen und Kapitalmaßnahmen verschiedener Unternehmen der nationalen und z. T. internationalen Wirtschaft

Diese Bestände enthalten Hinweise auf die Verdrängung der jüdischen Unternehmer in Deutschland und in den besetzten europäischen Ländern im Zuge der sogenannten „Arisierung der Wirtschaft“.

Für den Zeitraum 1945 bis 1956 wurden die entsprechenden Akten den Aktengruppen 52. Rhein-Ruhr Bank AG, Düsseldorf, 67. Rhein-Main Bank AG, Frankfurt am Main und 134. Bank für Handel und Industrie, Berlin, zugeordnet.

Die Unterlagen der Konsortialabteilung(en) und deren Nachfolger stellen eine der wichtigsten und umfangreichsten Aktengruppen dar. Als eine der größten Abteilungen innerhalb der Dresdner Bank waren sie für alle Vorgänge im Rahmen des Konsortialgeschäfts (Bildung von Konsortien, Vertragsgestaltung, ggf. Führung des Konsortiums) zuständig. Für die Zeit des wirtschaftlichen Wiederaufbaus der Bundesrepublik stellen die Unterlagen der Konsortialabteilung ebenfalls eine wichtige Quellengruppe dar.

Enthält u.a.: Kapitalbeteiligungsgesuche (Arisierungslisten), Arisierungen nach Ländern, Reprivatisierung der Volkswagen AG.

Provenienz: Rechtsabteilungen

98. Rechtsabteilung (ab 1957)
167. Juristisches Büro
174. Rechtsabteilung Hamburg
186. Rechtsabteilung Düsseldorf
197. Rechtsabteilung Frankfurt
198. Rechtsabteilung Berlin
Laufzeit: 1904 bis 2009
Umfang: insgesamt 10785 verzeichnete Akteneinheiten
Inhalt: Rückerstattungs- und Wiedergutmachungsangelegenheiten; Prozessakten

Eine autonome Rechtsabteilung, zunächst als Juristisches Büro bezeichnet, in der eigenständig rechtliche Fragestellungen bearbeitet wurden, existierte bei der Dresdner Bank bereits seit Anfang der 1920er Jahre. Auf dem Höhepunkt der Bankenkrise (1932) war das Juristische Büro in acht Dezernate untergliedert. Im Jahre 1941 erfolgte eine Straffung in sechs Arbeitsgebiete, die regional für Filialbereiche und für ganz bestimmte Sonderarbeitsgebiete zuständig waren. Mit der Aufspaltung in regionale Nachfolgebanken erfolgte gleichzeitig die Begründung regionaler Rechtsabteilungen (Frankfurt, Hamburg, Düsseldorf, Berlin). Diese blieben auch nach der Wiedervereinigung der Bank im Jahre 1957 bis zur Zentralisierung in Frankfurt für längere Zeit bestehen.

Enthält u.a.: Berichte der Depositenkassen über Kriegseinwirkungen auf die Tresore, Vorkriegsabwicklung und Vorkriegsforderungen, Internationale Vereinigung für vergleichende Rechtswissenschaft und Volkswirtschaftslehre zu Berlin.

Provenienz: 121. Nachlass Jürgen Ponto
Laufzeit: 1968 bis 1977
Umfang: 1485 verzeichnete Akteneinheiten
Inhalt: Mandatsakten, persönliche Unterlagen, Sitzungsprotokolle verschiedener Gremien u.a.
Literatur: Ralf Ahrens / Johannes Bähr, Jürgen Ponto. Bankier und Bürger. Eine Biografie, München 2013.

Der Bestand umfasst die Gesamtheit aller seit 1968/1969 entstandenen geschäftlichen, zum Teil aber auch privaten Unterlagen des 1977 ermordeten Vorstandssprechers der Dresdner Bank. Jürgen Ponto absolvierte 1950/51 im Rahmen seines Jurastudiums ein halbjähriges Referendariat in der von Joachim Entzian geleiteten Rechtsabteilung der Hamburger Kreditbank (als regionales Nachfolgeunternehmen der Dresdner Bank). 1951 erfolgte die Einstellung als Volontär und 1959 (als Nachfolger Entzians) die Ernennung zum Chefsyndikus der Dresdner Bank AG, Hauptverwaltung Hamburg. Jürgen Ponto wurde 1964 in den Vorstand gewählt und im Jahre 1969 im Alter von 45 Jahren zum Sprecher des Vorstands berufen. Als Vorstandssprecher erwarb sich Ponto Verdienste bei der Umwandlung der Dresdner Bank in eine moderne internationale Geschäftsbank. Aufgrund dieses Erfolges und der zunehmenden öffentlichen Anerkennung war sein Rat auch in der Politik gefragt, u.a. als Berater des damaligen Bundeskanzlers Helmut Schmidt.

Enthält u.a.: Mitgliedschaft in Gremien, Mandate bei Unternehmen, Presse, Veröffentlichungen, Reden, Kunst und Kultur, Privates, Korrespondenz, 100-Jahrfeier der Dresdner Bank (1972).

Provenienz: 122. Darmstädter und Nationalbank

Laufzeit: 1923 bis 1932

Umfang: 2 verzeichnete Akteneinheiten

Inhalt: Vereinbarungen des Aufsichtsrats mit den Geschäftsinhabern und Monatsbilanz per 31. Oktober 1931, Jahresabschluss 1931, Bilanzunterlagen, Eintragung im Handelsregister

Von der 1932 mit der Dresdner Bank rückwirkend zum 1. Januar 1931 verschmolzenen Darmstädter und Nationalbank (im damaligen Sprachgebrauch kurz Danatbank genannt) sind – neben einer Vielzahl von Personalakten, die jedoch der Aktengruppe Personalbüro zugeordnet wurden – lediglich zwei Akteneinheiten überliefert. Vielfach wurden Kreditakten der Danatbank als Akten der Dresdner Bank im Industriebüro oder der Konsortialabteilung weitergeführt, so dass die Endprovenienz stets die Dresdner Bank ist. Zum Verbleib der Vorstands- und Aufsichtsratsprotokolle gibt es keine Hinweise.

Provenienz: 125. Nürnberger Prozess

Laufzeit: 1947 bis 1952

Umfang: 455 verzeichnete Akteneinheiten

Inhalt: Prozessunterlagen von Anklage und Verteidigung im Fall 11 des „Wilhelmstraßen-Prozesses" gegen das Dresdner Bank-Vorstandsmitglied Karl Rasche

Literatur: Ralf Ahrens, Der Exempelkandidat. Die Dresdner Bank und der Nürnberger Prozess gegen Karl Rasche, in: Vierteljahreshefte für Zeitgeschichte, 52. Jahrgang, Heft 4 (2004), S. 637-670.

Der ehemalige Vorstandssprecher der Dresdner Bank Karl Rasche stand als einziger deutscher Bankmanager in einem der zwölf Nürnberger Nachfolgeprozesse als Angeklagter vor dem Internationalen Militärtribunal. Dort wurde er wegen seines Ehrenrangs bei der SS und Beteiligung an der Ausbeutung der tschechischen und niederländischen Wirtschaft zu sieben Jahren Haft verurteilt. Das umfangreiche Material umfasst die Sitzungsprotokolle, Beweisdokumente von Anklage und Verteidigung. Zu dieser Aktengruppe gehören auch der Sonderbericht des Militärgouverneurs der amerikanischen Besatzungszone über die Tätigkeit von Deutscher und Dresdner Bank in der Zeit des Nationalsozialismus und die Stellungnahme der der Dresdner Bank zu diesem Bericht. Die Dokumente liegen in deutscher und zum Teil auch in englischer Sprache vor.

Enthält u.a.: Persönliche Vernehmung von Karl Rasche, Kreuzverhöre, Sitzungsprotokolle.

Provenienz: 126. Vorstand (1872–1945)

Laufzeit: 1931 bis 1945

Umfang: 129 verzeichnete Akteneinheiten

Inhalt: Protokolle

Im Verhältnis zur zentralen Funktion, die der Vorstand innerhalb der Bank innehat, nehmen dessen Unterlagen nur einen relativ geringen Anteil an der Gesamt-Überlieferung ein. Dazu gehören vor allem die (Beschluss-)Protokolle der Sitzungen des Direktionskabinetts und des Vorstands seit 1931 sowie die Protokolle der sogenannten Nachlasskommission des Vorstandes. Die Sitzungen des Vorstandes fanden in der Regel wöchentlich oder auch mehrmals in der Woche statt. Hauptsächlich wurden Kreditgeschäfte behandelt. Der Gesamtvorstand entschied über alle größeren Kredite (seit Juli 1939: Kredite über 600.000 RM) endgültig. Die Protokolle der Vorstandssitzungen sind bis Januar 1945 geschlossen überliefert. Als reine Ergebnisprotokolle, lassen sie jedoch kaum Hinweise auf den Verlauf der Beratungen und die Strategien der Geschäftsleitung zu.

Enthält u.a.: Auflistungen der durch die Militärregierung 1945 beschlagnahmten Akten, Protokolle und Berichte der verschiedenen Vorstandsgruppen (1944/45).

Provenienz: 127. Industriebüro

Laufzeit: 1932 bis 1945

Umfang: 3221 verzeichnete Akteneinheiten

Inhalt: Unterlagen zu Beitreibung von Forderungen der Bank an wirtschaftliche Unternehmen und Privatpersonen, die vor allem durch die Weltwirtschaftskrise von 1929 bis 1933 in finanzielle Probleme geraten waren.

Das Industriebüro wurde im Januar 1932 gegründet und war vor allem für die zentrale Abwicklung in akuten Zahlungsschwierigkeiten oder in Konkurs geratener Schuldner zuständig. Im Mittelpunkt ihrer Tätigkeit standen überwiegend sehr komplexe Fälle, in denen auch andere Gläubiger oder Abteilungen der Dresdner Bank involviert sein konnten. Durch die Zentralisierung dieser Aufgaben in Berlin. Erreichte die Dresdner Bank eine wesentlich höhere Effektivität gegenüber der Abwicklung der – nahezu vollständig krisenbedingten Kreditausfälle – als in den Filialen. Bis zum Jahre 1937 beschäftigten sich mit den Abwicklungsengagements zusätzlich noch die Direktion der Depositenkassen, das Inland-Sekretariat und das Konsortialbüro.

Im April 1937 wurde die mit ähnlichen Aufgaben betraute Abteilung VI der Direktion der Depositenkassen dem Industriebüro zugeordnet. Kriegsbedingt unterzog man die Tätigkeit des Industriebüros im Jahre 1941 einer gründlichen Revision. Von den 650 Abwicklungsengagements verblieben nur 52 komplexe Fälle zur weiteren Bearbeitung. Vermutlich in den letzten Kriegsmonaten erfolgte die Auflösung der Abteilung.

Enthält u.a.: Verkauf von Kunstsammlungen (Sammlung Figdor, Galerie Matthiesen, Staatliche Museen zu Berlin).

Provenienz: 135. Aufsichtsrat (1872–1945)
Laufzeit: 1872 bis 1945
Umfang: 169 verzeichnete Akteneinheiten
Inhalt: Protokolle

Der Aufsichtsrat war bis zum Jahre 1942 das wichtigste kollegiale Leitungsgremium der Dresdner Bank. Die Protokolle seiner Sitzungen sind seit 1872 nahezu vollständig überliefert. Zunächst noch handschriftlich verfasst, wurden sie stets als Ergebnisprotokoll geführt. Ab 1931/32 sind hauptsächlich die Protokolle des Arbeits- bzw. Kreditausschusses des Aufsichtsrates vorhanden. Weiterhin gehören zu dieser Aktengruppe personenbezogene Akten von Vorstands- und Aufsichtsratsmitgliedern, Direktoren und stellvertretenden Direktoren (Anstellungsverträge, Gehaltssachen, Personalakten u.a.), Niederschriften über General- bzw. Hauptversammlungen und Verträge. Der überwiegende Teil der Unterlagen konnte im Jahre 2007 vom Nationalarchiv der tschechischen Republik als Mikrofilmkopie übernommen werden.

Enthält u.a.: Fusionsvertrag mit der Deutschen Genossenschafts-Bank von Soergel, Parrisius & Co. AG. – Vertrag mit Erlanger & Söhne, Frankfurt am Main, Bankensanierung 1931 und 1932/33, Vertrag zwischen dem Deutschen Reich, der Dresdner Bank und der Darmstädter und Nationalbank (Danatbank) vom 19. März 1932, Aktienregister der Vorzugsaktien.

Provenienz: Personalabteilungen

137. Personalbüro
154. Personalabteilung
Laufzeit: (1890) 1910 bis 1945 / 1931 bis 2003
Umfang: 10945 bzw. 243 verzeichnete Akteneinheiten
Inhalt: Personalakten, Rundschreiben, Anordnungen und Mitteilungen

Personalakten wurden bei der Dresdner Bank dezentral geführt. Alle Filialen besaßen ihre eigenen Personalaktenbestände. In Berlin wurden ausschließlich die Akten der Mitarbeiter der Zentrale sowie der Berliner und Brandenburger Depositenkassen aufbewahrt. Sieht man von einem größeren Hamburger Bestand ab, sind in den überlieferten

Filialbeständen nur ganz vereinzelt Personalakten überliefert. Dennoch gehört das Archivgut des Personalbüros der Dresdner Bank mit seinen 10.844 verzeichneten Personalakten und 101 Akten, die die Organisation des Personalwesens betreffen, zu den umfangreichsten und zeitlich geschlossenen Überlieferungen einer deutschen Großbank. Die Akten reichen bis zu den Vorgängern der Bank, etwa der Nationalbank für Deutschland oder der Darmstädter Bank, zurück. Enthalten sind auch 171 Akten jüdischer Angestellter (nach den Bestimmungen des Gesetzes zur „Wiederherstellung des Berufsbeamtentums" von 1933). Sie geben nicht nur Auskunft über die Repressionsmaßnahmen während der nationalsozialistischen Diktatur, sondern auch über das persönliche Schicksal bis hin zur Auswanderung, zum Suizid oder zur Deportation. Die relativ geschlossene Überlieferung ermöglicht u.a. spezifische soziologische Analysen wie z.B. Anteil und Rolle der Frauen in der Bank, der Altersversorgung der Pensionäre und der Hinterbliebenen.

Zu den Unterlagen der Personalabteilung Frankfurt gehören Verzeichnisse der verstorbenen Pensionäre, die nach 1945 weitergeführten Personalakten emigrierter Mitarbeiter und deren Ansprüche auf Wiedergutmachung, Unterstützungszahlungen für sogenannte Ost-Pensionäre, Wiedereinstellungsverfahren und Unterlagen des Betriebsrates über die Entnazifizierung.
Enthält u.a.: Personalakten Carl Goetz, Joseph Goebbels.

Provenienz: 143. Leipzig
Laufzeit: 1930 bis 2000
Umfang: 662 verzeichnete Akteneinheiten
Inhalt: Verwaltungs- und Organisationsakten, Bauakten, Kundenkartei, Kontenkarten, Depotkarten, Werbemaßnahmen, Statistiken
Literatur: Andreas Graul, Dresdner Bank in Leipzig. Zum 100. Geburtstag der Filiale, Frankfurt/Main 2009.

Der relativ umfangreiche Teilbestand „Leipzig" steht hier beispielhaft für eine Filialüberlieferung aus den ostdeutschen Bundesländern. Die Leipziger Niederlassung der Dresdner Bank wurde 1909 gegründet, 1945 auf Befehl der sowjetischen Militäradministration geschlossen und 1990 noch vor dem Beitritt der DDR zu Bundesrepublik neu eröffnet. Die Überlieferung ist typisch für eine Filiale auf dem Gebiet der ehemaligen sowjetischen Besatzungszone und späteren DDR.

Einige wenige Unterlagen konnten noch vor dem Einzug der sowjetischen Truppen in die westlichen Besatzungszonen verbracht werden. Jedoch gelangte der überwiegende Teil des bei der Schließung im Jahre 1945 beschlagnahmten Registraturgutes über die Sächsische Landesbank, die Deutsche Notenbank und Staatsbank der DDR, Bezirksdirektion Leipzig, in das Staatsarchiv Leipzig. Nach 1992 wurden vor allem die kundenbezogenen Daten (Kundenkartei, Konten, Depots) an die Dresdner Bank zurückgegeben und lagern seit 2001 im Historischen Archiv der Dresdner Bank bzw. Commerzbank. Dennoch befindet sich mit 1337 verzeichneten Akteneinheiten ein wesentlicher Teil der Unterlagen weiterhin im nunmehr Sächsischen Staatsarchiv, Abteilung Leipzig. Es handelt sich dabei um Unterlagen der Unternehmensführung, der Finanzen und Vermögen, der Geschäftstätigkeit und der Filiale Altenburg, die bis 1945 der Leipziger Niederlassung unterstellt war. Schwerpunkt des nach 1990 entstandenen Archivgutes – welches sich im Historischen Archiv der Commerzbank in Frankfurt befindet – sind die Organisation und Verwaltung der Niederlassung, Baumaßnahmen und Öffentlichkeitsarbeit.
Enthält u.a.: Jahresabschlüsse 1944, Genehmigungsbescheide der Devisenstelle des Landesfinanzamtes, Organisationsanweisungen zum Aufbau von Filialen, Neubau des Verwaltungszentrums Leipzig.

Provenienz: 189. Bank für Handel und Industrie (Darmstädter Bank)

Laufzeit ca.: 1853 bis 1922
Umfang: 70 verzeichnete Akteneinheiten
Inhalt: (überwiegend handschriftliche) Protokolle der Sitzungen des Aufsichtsrates, Berichte der Direktion und der Abteilung Berlin für die Sitzungen des Aufsichtsrates

Die Aufsichtsratsprotokolle der Bank für Handel und Industrie (Darmstädter Bank) wurden Anfang der 1940er Jahre von der Dresdner Bank mikroverfilmt und 1944/45 in das bis dahin von den Kampfhandlungen verschonte „Reichsprotektorat Böhmen und Mähren" ausgelagert. Das tschechische Nationalarchiv in Prag übergab im Jahre 2007 eine Kopie der restaurierten Filme an das Historische Archiv der Dresdner Bank. Die Originalakten sind nach Kriegsende im Auslagerungsort in Klietz (Kreis Havelberg) verbrannt. In ihrer zeitlichen Geschlossenheit stellen diese Protokolle eine sehr seltene Überlieferung aus dem Bereich der Verwaltung eines Finanzunternehmens im 19. Jahrhundert dar.

Hypothekenbanken

Bedingt durch den Konzentrationsprozess im Hypothekenbanksektor in den letzten Jahrzehnten verwahrt das Historische Archiv eine Vielzahl von Unterlagen verschiedener deutscher Hypothekenbanken. Dazu gehören alle Hypothekenbankentöchter der Dresdner Bank, wie die Pfälzische Hypothekenbank Ludwigshafen, die Deutsche Hypothekenbank Frankfurt-Hamburg AG, die Norddeutsche Hypotheken- und Wechselbank AG, die Mecklenburgische Hypotheken- und Wechselbank, das Ritterschaftliche Kreditinstitut des Fürstentums Lüneburg in Celle und die Sächsische Bodencreditanstalt Dresden (1945 bis 1998).

Das dem Archiv übergebene Registraturgut im Umfang von knapp 500 lfm. ist nur zu einem geringen Teil erschlossen. Infolge der Abwicklung der Eurohypo AG gelangten im Sommer 2013 ca. weitere 200 lfm. Archivgut in das Historische Archiv der Commerzbank, in dem sich damit ein umfangreicher und bedeutender Teil der Quellen zur Geschichte des deutschen Hypothekenbankwesens konzentriert.

Provenienz: 226. Mecklenburgische Hypotheken- und Wechselbank

Laufzeit: 1971 bis 1998

Umfang: 74 verzeichnete Akteneinheiten

Inhalt: Satzungen, Geschäftsberichte, Aufsichtsratssitzungen, Vermögensübersichten und Bilanzen, Korrespondenzakten

Literatur: Oliver Redenius, Strukturwandel und Konzentrationsprozesse im deutschen Hypothekenbankwesen, Wiesbaden 2009.

Die 1871 in Schwerin gegründete Mecklenburgische Hypotheken- und Wechselbank ging im Jahre 1998 in der norddeutschen Hypotheken- und Wechselbank AG Hamburg auf, die später in die Hypothekenbank Frankfurt-Hamburg AG umfirmiert wurde. Die Aktengruppe der Mecklenburgischen Hypotheken- und Wechselbank gehört mit den Aktengruppen von Deutscher Hypothekenbank in Meiningen, der sächsischen Bodenkreditanstalt Dresden, der Pfälzischen Hypothekenbank Ludwigshafen und deren Nachfolgeinstitut der Deutschen Hypothekenbank Frankfurt-Hamburg AG zur umfangreichen Überlieferung der Gruppe von Hypothekenbanken.

Provenienz: 27. Ritterschaftliches Kreditinstitut des Fürstentums Lüneburg, Celle

Laufzeit: 1831 bis 1997
Umfang: 188 verzeichnete Akteneinheiten
Inhalt: Rechnungsbücher, Bilanzen, Geschäftsberichte, Treuhandberichte, Korrespondenzakten, Abwicklung
Literatur: Oliver Redenius, Strukturwandel und Konzentrationsprozesse im deutschen Hypothekenbankwesen, Wiesbaden 2009.

Das 1790 in Celle gegründete Ritterschaftliche Kreditinstitut ging im Jahre 1998 in der norddeutschen Hypotheken- und Wechselbank AG Hamburg auf, die später in die Hypothekenbank Frankfurt-Hamburg AG umfirmiert wurde. Die Aktengruppe des Ritterschaftlichen Kreditinstituts des Fürstentums Lüneburg in Celle gehört zu den ältesten geschlossenen Überlieferungen innerhalb des ehemaligen Archivs der Dresdner Bank. Die Übernahme dieser Akten erfolgte im Verlaufe der Neuordnung der Hypothekenbanken Ende der 1990er Jahre.

III. Dresdner Bank-Provenienzen in staatlichen Archiven

Nach der Schließung der Dresdner Bank im August 1945 durch die sowjetische Besatzungsmacht und deren Abwicklung durch die neugegründeten Landesbanken, gelangte das verbliebene Geschäftsschriftgut an die spätere Staatsbank der DDR. Ende der 1970er Jahre überführte die Staatsbank wesentliche Teile dieses Registraturgutes an die zuständigen Staatsarchive. Auch nach der deutschen Einheit verblieben (bis auf einige Kundenverzeichnisse, Konten- und Depotunterlagen) diese Unterlagen in den nunmehrigen Landes-archiven.

So befindet sich heute Archivgut der Dresdner Bank in den sächsischen Staatsarchiven in Dresden, Leipzig und Chemnitz sowie in den thüringischen Staatsarchiven Rudolstadt, Gotha, Altenburg und Weimar. Der Umfang der Überlieferungen und der Grad der Erschließung sind dabei sehr unterschiedlich, wobei vor allem das Sächsische Staatsarchiv in Leipzig und Dresden eine relativ umfangreiche Überlieferung besitzen.

Hinzu kommen die Überlieferungen von Filialen in den ehemaligen deutschen Ostgebieten, die sich heute in polnischen Staatsarchiven befinden, sowie Unterlagen, die von amerikanischen Dienststellen bei Kriegsende als Beweismaterial für die Nürnberger Prozesse beschlagnahmt wurden. Mikrofilme dieses Materials befinden sich in den Washingtoner National Archives. Die Originalunterlagen sind nach der Rückgabe an die Dresdner Bank Anfang der fünfziger Jahre weitgehend verloren gegangen.

1. Deutschland

1.1. Sächsisches Staatsarchiv Leipzig
Bestand 21018 – Dresdner Bank in Leipzig

Laufzeit: 1873 bis 1947

Inhalt: Geschäftsberichte. – Direktionsberatungen. – Personal- und Tarifangelegenheiten. – Geschäftskorrespondenz. – Bilanzen und Jahresabschlüsse. – Statistiken. – Geschäftsbeziehungen zu Wirtschaftsunternehmen. – Kreditgeschäfte. – Wertpapiergeschäft. – Jüdisches Vermögen. – Bildchronik.

Findbuch (1994)

1.2. Sächsisches Hauptstaatsarchiv Dresden
Bestand 13135 – Dresdner Bank, Filiale Dresden

Laufzeit: 1866 bis 1946

Inhalt: Akkreditive. – Anweisungen und Rundschreiben der Dresdner Bank Direktion Berlin, der Deutschen Bank Berlin, der Bank für Handel und Industrie Berlin, der Görlitzer Bankenvereinigung, der Wirtschaftsgruppe Privates Bankgewerbe Berlin und der Reichsbank Berlin. – Aufsichtsratsakten. – Bilanzen und Jahresabschlüsse. – Debitorenlisten. – Fotos. – Geschäftsberichte. – Geschäftskorrespondenz. – Inventar. – Kontenführungsunterlagen. – Kreditangelegenheiten verschiedener Firmen. – Personal. – Statistiken. – Wertpapiere.

Findbuch (1997)

1.3. Sächsisches Staatsarchiv Chemnitz
Bestand 31518 – Dresdner Bank, Filiale Chemnitz

Laufzeit: 1899 bis 1946

Inhalt: Leitungstätigkeit. – Zusammenarbeit mit der Direktion in Dresden bzw. in Berlin. – Vereinigung Chemnitzer Banken und Bankiers und der Wirtschaftsgruppe Privates Bankgewerbe. – Zentralverband des Deutschen Bank- und Bankiersgewerbes, Berlin. – Personalverwaltung. – Personalstatistik. – Pensionsversicherung. – Kundengeschäft. – Konsortialakten. – Kreditakten wirtschaftlich bedeutender Betriebe, vornehmlich aus der Region. – Buchhaltungsunterlagen der Dresdner Bank und der Danatbank. – Kontokarten für Sparkonten. – Unterlagen der Abwicklungsabteilung Dresdner Bank Filiale Chemnitz bei der Sächsischen Landesbank.

Findbuch (2006)

1.4. Thüringisches Staatsarchiv Rudolstadt
Bestand 5-94-6360 – Dresdner Bank, Filiale Gera

Laufzeit: 1921 bis 1946

Inhalt: Neben Akten der allgemeinen Verwaltung gehören vor allem Personal- und Kreditakten zu den überlieferten Unterlagen.

Findbuch (Retrokonversion 2013)

1.5. Thüringisches Hauptstaatsarchiv Weimar
Bestand „Geschlossene Banken"

Unterlagen zu den Filialen Eisenach und Erfurt der Dresdner Bank

Findkartei

1.6. Landeshauptarchiv Sachsen-Anhalt
Bestand: I 107 Dresdner Bank, Filiale Halle a. d. Saale

Laufzeit: 1909 bis 1946

Inhalt: Akten, Protokolle, Geschäftsberichte, Fotos

Ablieferungsliste, Karteien

Bestand: I 107 Dresdner Bank, Filiale Magdeburg

Laufzeit: 1941 bis 1945

Ablieferungsliste

2. Polen

2.1. Staatsarchiv Breslau

Bestand: Dresdner Bank, Filiale Breslau
Laufzeit: 1904 bis 1945
Inhalt: Kreditakten, Rundschreiben, Geschäftsberichte
305 Akteneinheiten
Inventar
Bestand: Dresdner Bank, Filiale Hirschberg
Laufzeit: 1916 bis 1945
92 Akteneinheiten
Inventar

2.2. Staatsarchiv Danzig

Bestand: Dresdner Bank, Filiale Danzig
Laufzeit: 1930 bis 1944
84 Akteneinheiten
Inventar

2.3. Staatsarchiv Kattowitz

Bestand: 320/0 Dresdner Bank, Filiale Kattowitz
Laufzeit: 1907 bis 1945
Inhalt: Kreditakten, Rundschreiben, Geschäftsberichte
302 Akteneinheiten
Inventar

3. Vereinigte Staaten von Amerika

3.1. National Archives and Records Administration, Washington

Aktengruppe RG 242, Bestand T 83: Dresdner Bank
Laufzeit: 1933 bis 1945
Inhalt: u.a. Vorstandsprotokolle
118 Filmrollen

Arbeitsinstrumente aus dem Büroalltag von Bankangestellten vergangener Zeiten – gesammelt in einem Formularregal der ehemaligen Pfälzischen Hypothekenbank, 1920er Jahre (HAC Sammlungsbestand).

Sammlungen, Dokumentationen, Bibliotheken

Historische Kommunikation als Instrument archivischer Öffentlichkeitsarbeit

Matthias Kretschmer, Cornelia Kruppik

I. Sammlungen *(Matthias Kretschmer)*

Im August 1966 gab Kurt Hunscha, seit 1936 Chef-Volkswirt, die Gründung eines „Spezialarchivs für die Geschichte der Dresdner Bank“ bekannt.[1] Damit sollten in Vorbereitung auf das 1972 bevorstehende 100-jährige Jubiläum des Instituts „die in unserer Bank bisher verstreut aufbewahrten oder persönlich gesammelten Erinnerungstücke und sonstige, für das Studium der Zeitgeschichte möglicherweise interessanten Materialien“ zentral zusammengeführt werden.[2]

Zahlreiche Zusendungen unterschiedlichster Art und Provenienz wie Fotos und Gedenkmünzen, Drucksachen und Werbematerialien, Bankbriefe und Geschäftsurkunden gingen bei der zunächst in „Bankhistorisches Sekretariat“ dann in „Bankhistorisches Archiv“ genannten Stelle ein. Eine vier Jahre später erstmals zusammengestellte Auflistung umfasste 422 Positionen und markiert den Beginn der bis heute gepflegten und bedeutend erweiterten Sammlung des Historischen Archivs.[3]

Zahlreiche Sammlungsstücke, wie großformatige Abbildungen von Gebäuden, Portraits, Reproduktionen historischer Bilanzen, „Vorstands-Instructionen“ und Bank-Werbeanzeigen, fanden Aufnahme im „Kalendarium“, einem Chronikanhang der Festschrift zum 100-jährigen Bestehen der Dresdner Bank im Jahre 1972.

1986, zwei Jahrzehnte nach der Gründung des Bankhistorischen Sekretariats, wandte man sich erneut an die aktiven und ehemaligen Angestellten der Bank, um die „Sammlung künftig auf eine breitere Basis zu stellen.“ Gesucht wurden neben Druckerzeugnissen und Fotos nun besonders dreidimensionale Gegenstände. Im Aufruf hiess es: „Allgemein gilt: Alle Objekte, auch neuere Gegenstände, die für die Geschichte unseres Hauses Relevanz haben, können unsere Sammlung bereichern.“[4] Ein Jahr später berichtete die Zeitschrift über das erfreuliche Feedback der Aktion und teilte der Belegschaft mit, dass nun über das Sammeln hinaus, eine „umfassende Geschichtsschreibung der Dresdner Bank“[5] in Angriff genommen werden solle, die dann, verfasst vom ehemaligen Chef-Volkswirt der Bank, Hans G. Meyen, zum 120-jährigen Jubiläum 1992 erschien.

Gegen Ende der 1990er Jahre gab das Verzeichnis „Archive der deutschen Kreditwirtschaft“ der Bestand des „Bankhistorischen Archivs“ der Dresdner Bank wie folgt an: „Urkunden, Akten, Protokolle, Geschäftsberichte, Druckschriften, Zeichnungen, Fotos, Filme, Karten, Pläne; aus dem Bereich Geschäftsführung, Personal-/Sozialbereich, kaufmännischen Bereich.“[6] Deponiert war die Sammlung in Regalen, Kartei- und Stahlschränken der Volkswirtschaftlichen Abteilung im Vorstandsgebäude der Dresdner Bank in Frankfurt am Main (Gallusanlage 8).

Als zur Unterstützung des NS-Forschungsprojektes der Dresdner Bank im Jahre 1999 ein eigenständiges Historisches Archiv gegründet wurde, das sich in der Anfangsphase vor allem auf die Erschließung der umfangreichen Aktenbeständen aus den Jahren 1933 bis 1948 konzentrierte, verblieben die Sammlungen des älteren Bankhistorischen Archivs zunächst in der exklusiven Zuständigkeit der Volkswirtschaftlichen Abteilung, so dass parallel zum Altbestand eigene archivische Sammlungen entstanden. Ein für alle Beteiligten unbefriedigender Zustand, der erst mit der Übergabe der Sammlungsbestände an das Historische Archiv im Jahre 2008 beendet werden konnte.

Vornehmliche Aufgabe des neuen Historischen Archivs war es daher zunächst, Sammlungsgut insbesondere Fotos, Broschüren, Werbung etc. aufzufinden, um die Geschichte der Dresdner Bank während der Zeit des Nationalsozialismus auch in dieser Hinsicht belegen zu können. Eines der ersten Projekte in dieser Hinsicht war die Mikroverfilmung und Digitalisierung des *Betriebs-Echos*, der Werkszeitung für die Betriebsgemeinschaft Dresdner Bank aus den Jahren 1935 bis 1944 für die Drucksachensammlung.

Gerade für die Sammlungen war es in der Aufbauphase ein wichtiges Ziel, das neu gegründete Historische Archiv innerhalb der Dresdner Bank bekannt zu machen, nicht zuletzt um den Mitarbeiterinnen und Mitarbeitern der einzelnen Fachabteilungen als Ansprech- und Abgabestelle zur Verfügung zu stehen. Wichtiges Kommunikationsmittel war hier wie schon zu Zeiten des „Bankhistorischen Sekretariats“ die Mitarbeiterzeitschrift.[7] Im Februar 2000 wurden das Archiv und vor allem das NS-Forschungsprojekt mit großem Aufmacher vorgestellt.[8]

Wenige Monate später berichtete ein weiterer Beitrag detailliert über Funktion und Aufgaben des Historischen Archivs.[9] Neben dieser punktuellen Berichterstattung war es wichtig, das Archiv durch einen permanenten Informationsfluss im Bewußtsein der Bankangestellten zu verankern. Diesem Ziel diente u.a. die Einrichtung einer festen Archiv-Kolumne in der Hauszeitschrift. Ab April 2001 erschienen hier unter der Überschrift „Fundstücke" kurze und prägnante Beiträge, die ein besonderes Objekt der Sammlung vorstellten und die damit verbundene, möglichst interessante Hintergrundgeschichte erzählten – eine Form des Infotainments.[10] Die Leserresonanz war überaus erfreulich und der gewünschte Nebeneffekt trat ein: Ehemalige und aktive Mitarbeiter wandten sich an das Archiv und übergaben unterschiedlichste Dokumente und Objekte aus der Vergangenheit der Bank.

Während der Arbeit für das NS-Forschungsprojekt erlebte die Dresdner Bank AG eine dramatische Zäsur ihrer Geschichte. Die Allianz-Versicherungs AG hatte die Traditionsbank 2001 übernommen und leitete einen radikalen Prozess der Kostenreduktion ein, zu dem auch die Optimierung des Filialnetzes zählte; Folge war die Schließung von über 400 Geschäftsstellen im ganzen Bundesgebiet. Da nicht jede einzelne Filiale eigens aufgesucht werden konnte, entwickelte das Archivteam einen „Fragebogen zur Sicherung von archivwürdigem Material", der an alle betroffenen Geschäftsstellen verschickt wurde.

Hier bestätigte sich schnell die Erkenntnis, dass Umstrukturierungen innerhalb einer Unternehmensorganisation und die damit einhergehende Zusammenlegung oder Schließung von Abteilungen, so belastend sie für die Belegschaft im Einzelfall auch sein mögen, doch den positiven Effekt haben, dass sie dem Archiv wichtige, bislang ungehobene Quellen zuführen; dies gilt auch und gerade für die archivischen Sammlungen.

Diese Einsicht bestätigte sich bei der Übernahme der Dresdner Bank AG durch die Commerzbank AG im Jahre 2008/9. Ab dem Jahr 2011 begann der Verschmelzungsprozess beider Großbanken, der mit einer weiteren Ausdünnung des Filialnetzes einherging. Nach einem abgestimmten Kriterienkatalog, der vor allem das Alter und die Bedeutung der jeweiligen Filiale berücksichtigte, wurden die ausgewählten Geschäftsstellen aufgesucht und archivwürdiges Material gesichert. Auf diese Weise konnten nicht nur wichtige Aktenbestände geborgen, sondern auch zahlreiche Einzelstücke für den Sammlungsbereich akquiriert werden.

1. Bildarchiv

Das Bildarchiv ist die am häufigsten genutzte Einheit der archivischen Sammlungen. Geschätzte 25000 Fotos, davon etwa 5000 digitalisiert und per Datenbank recherchierbar, bilden den Kernbestand des visuellen Gedächtnisses der Bank. Gebäudefotos der Zentrale, der großen Niederlassungen und Filialen, ergänzt durch Personenbilder, Pressefotos sowie Fotoserien von Hauptversammlungen, Geschäftsstelleneröffnungen und sonstigen Ereignissen, bilden das Zentrum der fotografischen Sammlung.

Provenienz: Dresdner Bank, Tochtergesellschaften, übernommene Institute

Umfang: 25000 Fotos

Zeitraum: ca. 1872 bis 2008

2. Werbemittelsammlung

a. Plakatsammlung

Die Plakatüberlieferung ist seit Beginn der Sammlungstätigkeit des Historischen Archivs im Jahre 2000 annähernd vollständig; die Jahrzehnte davor sind nur durch Einzelstücke belegt.

Provenienz: Dresdner Bank und Tochtergesellschaften

Umfang: ca. 500 Plakate

Zeitraum: [1960er] 2000 bis 2008

b. Werbeartikel

Mit dem Logo oder dem Claim der Bank versehene Werbeartikel oder Werbegeschenke unterstützen die Gewinnung von Neukunden bzw. die Bindung von Bestandskunden.

Neben der klassischen Spardose (siehe Spardosensammlung) werden Kugelschreiber, Feuerzeuge, Flaschenöffner, T-Shirts, Regenschirme, Kalender u.s.w. zum Einsatz gebracht.

Einen eigenen Bereich bilden Werbegeschenke für Kinder. Hier werden der Zielgruppe entsprechend Plüschtiere, Buntstifte, Luftballons, Gummibärchen u.ä. verteilt.

Grundsätzlich reicht das Angebot vom preisgünstigen Streuartikel bis zum hochwertigen Markenartikel.

Die Werbeartikelsammlung bietet einen Querschnitt durch diese breite Objektpalette, wobei auch hier der Schwerpunkt auf den letzten zehn Jahren der Dresdner Bank liegt.
Provenienz: Dresdner Bank und Tochtergesellschaften
Umfang: ca. 600 Artikel
Zeitraum: 1930er Jahre bis 2008

c. Außenwerbung
Umfangreiche Sammlung von Außenwerbung der Dresdner Bank und ihrer Tochtergesellschaft; seit jüngster Zeit ergänzt durch entsprechende Exponate der Commerzbank. Umfasst Beispiele für die meist illuminierten Schriftzüge der Wortmarken und der zugehörigen Logos, die in der Regel an den Fassaden der Geschäftsstellen angebracht sind.
Provenienz: Dresdner Bank und Tochtergesellschaften
Umfang: 50 Stück
Zeitraum: 1906 bis 2008

3. Drucksachen und graue Literatur
Zu Informations- aber auch zu Werbezwecken herausgegebene Kundenbroschüren, Prospekte und Flyer sowie für die interne Kommunikation genutzte Druckschriften, Mitarbeiterzeitschriften, Telefonverzeichnisse und Nachschlagewerke.
Provenienz: Dresdner Bank und Tochtergesellschaften
Umfang: 52 laufende Meter
Zeitraum: 1920er Jahre bis 2008

4. Wertpapiersammlung
Quelle der Wertpapiersammlung waren zunächst die aus der Wertpapierbereinigung der Jahre 1948ff. enstandenen Ablagen einzelner Filialen. Durch Ankauf und vor allem Tausch mit Auktionshäusern und Wertpapiersammlern konnte die Qualität der Aktiensammlung erheblich gesteigert werden. Derzeit umfasst der Bestand ca. 2000 Stücke, mit dem Schwerpunkt auf deutschen Werten, für den Zeitraum seit 1850. Die Sammlung hat laut Aussage von Fachleuten im deutschsprachigen Raum einen besonderen Stellenwert.[11]
Umfang: rd. 2000 Stück
Zeitraum: ab 1850

5. Banksparbuchsammlung

Am 13. Februar 1952 verabschiedete der Deutsche Bundestag ein Gesetz über die Umstellung der Reichsmark-Sparguthaben von Heimatvertriebenen. Damit konnten aus den Ostgebieten vertriebene Deutsche ihre in Reichsmark ausgestellten (Bank)Sparbücher im Verhältnis RM 100,00 zu DM 6,50 umstellen lassen. Die Sparbücher wurden entwertet und verblieben bei dem Geldinstitut, das die Umstellung vorgenommen hatte. Auf diese Weise ist eine große Anzahl unterschiedlichster Sparbücher von Banken, allen voran die der Dresdner Bank und der Commerzbank sowie zahlreicher Stadt-, Land- und Kreissparkassen aus den ehemaligen deutschen Ostgebieten überliefert. Die Sammlung spiegelt die ungewöhnlich reiche Vielfalt des Erscheinungsbildes des Sparbuches über ca. vier Jahrzehnte wider und zeigt eine Spanne von der einfachen Rechnungskladde bis zum aufwendig gedruckten, grafisch gestalteten und in Leder gebunden Sparkontobuch.

Provenienz: Kreditinstitute aus den ehem. deutschen Ostgebieten
Umfang: rd. 600 Stück
Zeitraum: um 1900 bis gegen Ende der 1940 Jahre

Das Sparen als Form der Geldanlage hat bis heute kaum etwas von seinem Reiz verloren. Der zugehörige Nachweis, das Sparbuch, war jedoch äußerlich einem starken Wandel unterworfen und ist heute gänzlich verschwunden.

6. Spardosensammlung

Ergänzt durch die Sammlung der Commerzbank AG verfügt das Historische Archiv über eine kulturgeschichtlich bedeutende Spardosensammlung mit ca. 1000 Objekten. Diese geldgeschichliche Kollektion umfasst Töpferscheiben-Sparbüchsen, Sparautomaten, gusseiserne „Money-Banks“, „Bügeleisen“-Spardosen und Heimspardosen unterschiedlichster Herkunft und Ausformung. Besonders die Spardosengeschichten der Commerzbank AG und der Dresdner Bank AG sind umfassend dokumentiert.

Provenienz: Dresdner Bank und Tochtergesellschaften, Diverse
Umfang: rd. 1000 Stück
Zeitraum: 1850 bis 2008

7. Sammlung audiovisuelle Medien

Als erste Bank in der Bundesrepublik Deutschland wandte sich die Dresdner Bank im Jahr 1974 dem Werbefernsehen zu, das sich zu einem wichtigen Standbein ihrer Marketingstrategie entwickelte. Das Historische Archiv verwaltet eine umfangreiche Sammlung von Audio- und Videobändern, die nicht nur die Entwicklung der Werbefilme dokumentieren, sondern auch zahlreiche Produktionen der internen und externen Kommunikation umfassen.

Ein Sonderbestand mit 104 Bändern sind Produktionen für das sogenannte Web-TV der Dresdner Bank, eine Nachrichtensendung, die über das Intranet für die Mitarbeiter abrufbar war.

Hinzu kommen Tonaufzeichnungen von Werbespots, Reden, Pressekonferenzen und Hauptversammlungen seit den 1960er Jahren.

Seit 2012 steht dem Historischen Archiv Studiotechnik zur Verfügung, die es erlaubt, verschiedene Audio- und Videoformate zu sichten und zu digitalisieren.

Provenienz: Dresdner Bank und Tochtergesellschaften
Umfang: 50 Regalmeter
Zeitraum: 1931 bis 2008

8. Sammlung Bürotechnik

Auf dem Gebiet der Bürotechnik existierte bereits bei Gründung des Historischen Archivs 1999 eine bemerkenswerte Kollektion historischer Büromaschinen. Auf einer Tagung der Organisations-Verwaltungs-Leiter in Königstein am 10. Mai 1979 hatte man vorgeschlagen, „eine Art Bank-Museum einzurichten“. Zuständig sollte die Raumplanung sein, denn „Aufgrund der Tätigkeit bei Niederlassungen und

Filialen im Rahmen von Bauvorhaben – wo es vielfach darum geht, alte Gebäude zu sanieren – hätten wir am ehesten Zugriff zu solchen Dingen."[12] Im Protokoll der darauf folgenden Tagung im Februar 1980 ist in der Beschlussfassung nachzulesen: „Für die Zusammenstellung einer Dokumentation über die technische Entwicklung der Bank werden die Geschäftsstellen gebeten, noch vorhandene ältere, für den Stand der Organisation und technischen Ausstattung ihrer Zeit typische Gegenstände zu melden und auf Anforderung der Zentrale zur Verfügung zu stellen. Gedacht ist insbesondere an Büromaschinen jeder Art, Mobiliar und Ausstattungsgegenstände von musealem Interesse."[13]

Aufgrund dieser Initiative wurden innerhalb von zwanzig Jahren an die sechzig Exponate beispielhafter Banktechnik zusammengetragen: von Schreibmaschinen, Adressiermaschinen über Rechenmaschinen bis hin zum Tonfilmprojektor. Im April 2001 übergab die mittlerweile zuständige Abteilung „Zentrale Dienste, Büromaschinentechnik / Büromaschinenwerkstatt" das Museumsgut an das Historische Archiv der Dresdner Bank. Im gleichen Jahr wurde dieser Bestand ergänzt durch eine Sammlung historischer Rechenmaschinen, die dem Archiv von der Pfälzischen Hypothekenbank, Ludwigshafen überlassen wurden; die Kollektion reicht bei ins 19. Jahrhundert zurück.
Provenienz: Dresdner Bank und Tochtergesellschaften
Umfang: 120 Stücke
Zeitraum: 1895 bis 1990er Jahre

Büromaschinen prägten schon in der Vergangenheit den Arbeitsalltag in der Bank: Die martialisch anmutende Stanze (rechts) diente zur Entwertung von Sparbüchern, der Fernschreiber (Mitte) ratterte bis Mitte der 1970er Jahre; mit dem 1977 von Commodore entwickelten PET 2001 (links) nahm die digitale Revolution Einzug in die Büros (HAC Sammlungen).

II. Dokumentationen *(Cornelia Kruppik)*

Schon in der Gründungsphase war klar, dass das Historische Archiv nicht nur wegen der Anforderungen des NS-Forschungsprojektes, sondern auch im Hinblick auf seine zentrale Servicefunktion als „Gedächtnis der Bank" schnell auskunftsfähig werden müsse. Deshalb entstanden parallel zur Sichtung und Bewertung der umfangreichen Aktenbestände und auf der Grundlage der dabei erlangten Informationen besondere Dokumentationen, in denen komprimierte Fakten über die Entwicklung des Unternehmens insgesamt sowie wie über dessen Filialen, Tochtergesellschaften und leitenden Persönlichkeiten zusammengestellt wurden.

Während Sammlungsgut aus der Zusammenstellung von Einzelstücken verschiedener Herkunft und im Unterschied zum Archivgut ohne Berücksichtigung seiner jeweiligen Entstehungs zusammenhänge gebildet wird[14], entstehen Dokumentationen durch „das Nachweisen, die Aufbereitung und Übermittlung von Informationen und Wissen."[15]

Für diese Dokumentationen konnte das Historische Archiv ebenso wie bei den Sammlungen auf bereits in der Volkswirtschaftlichen Abteilung zusammengetragene Informationen zurückgreifen; hier lagerten Dossiers zu einzelnen Filialen und Personen. Eine Chronik zur Geschichte der Dresdner Bank war zunächst in der Publikation zum 100-jährigen Jubiläum der Bank im Jahre 1972 enthalten und erhielt dann eine Fortsetzung im Kalendarium der Festschrift des Jahres 1992.[16]

Um aber die in einem Unternehmen wichtige schnelle Verfügbarkeit zu gewährleisten und so kundenorentiert arbeiten zu können, waren die in Papierform vorliegenden Daten systematisch in die bestehende Archivdatenbank zu transferieren. Über die Recherchefunktionen des Programms lassen sich heute beispielsweise die wichtigsten Meilensteine in der Entwicklung der Bank von ihrer Gründung bis zur Übernahme durch die Commerzbank 2009 sowie Gründungsdaten einzelner Geschäftsstellen und Dienstzeiten von Vorstands- und Aufsichtsratsmitgliedern in kürzester Zeit abrufen. Die Datenbank „Strukturen", die alle diese Informationen bündelt, enthält mittlerweile – ergänzt um Angaben zur Geschichte der Commerzbank-Filialen – über 4.300 Einträge.

In den komplexen Gebilden, zu denen sich die deutschen Großbanken entwickelt haben, ist es keineswegs selbstverständlich, dass die Mitarbeiterinnen und Mitarbeiter mit der Geschichte „ihres" Unternehmens vertraut sind. Vielmehr führt die starke Fluktuation sowie ständige Umorganisationen dazu, dass historisches Wissen bestenfalls in Ansätzen vorhanden ist. Hier ist das Archiv in seiner Funktion als „Gedächtnis der Bank“ gefragt, diese Daten schnell, strukturiert und dem jeweiligen Anlass angepasst zur Verfügung zu stellen. Denn die Kenntnis der eigenen Traditionen wirkt nicht nur nach innen identitätsstiftend, sondern fördert auch das Vertrauen des Kunden in „seine“ Bank.

Ein neuer Filialleiter etwa, der zuvor noch nie an seinem zukünftigen Einsatzort tätig war, kann bei langjährigen Kunden sicher zusätzliches Vertrauen gewinnen, wenn er weiß, seit wann die Bank vor Ort mit einer Geschäftsstelle vertreten ist, ob sie vielleicht früher in anderen Geschäftsräumen gearbeitet hat und auf welche Weise sie in der Vergangenheit nicht nur unternehmerisch, sondern auch gesellschaftspolitisch wirksam war. Für die regionale Öffentlichkeitsarbeit sind solche Informationen daher von erheblicher Bedeutung, „würzen“ sie doch oftmals Zeitungsmeldungen oder können, wie im Falle von Jubiläen, den Anlass bieten, die Arbeit örtlicher Filialen in der Presse zu platzieren.

Neben diesen allgemeinen Funktionen, die nach der Übernahme der Dresdner Bank durch die Commerzbank ihre Fortsetzung finden, gehörte es zunächst zu den Aufgaben des Dokumentationsbereichs, die Erstellung des biografischen Anhangs für das Forschungsprojekt „Die Dresdner Bank im Dritten Reich“[17] zu unterstützen. Hierzu wurden Personalakten, -karteien, aber auch Sekundärquellen gesichtet und die Daten in komprimierter Form für das Historikerteam aufbereitet. So kann sich der Leser der vierbändigen Studie – gleiches gilt auch für den Folgeband „Die Dresdner Bank 1945–1957“[18] – nicht nur eine Vorstellung vom Handeln der Dresdner Bank als einer Großbank unter den Bedingungen des Nationalsozialismus und der Nachkriegszeit machen, er erhält auch Hintergrundinformationen zu den wichtigsten handelnden Personen.

Die Rechercheaufgaben, die von den verschiedensten Abteilungen der Bank, aber auch von externen Interessenten an die Dokumentationsstelle des Historischen Archivs herangetragen werden, sind erwartungsgemäß heterogen und ihre Bearbeitung ist oftmals mit den Arbeitsbereichen Akten und Sammlungen verschränkt. Die Anfragen regionaler Pressestellen und Filialen stehen zumeist im Zusammen-

Noch heute unentbehrlich für die Suche nach Geschäftsverbindungen der Jahre bis 1948: Die zentrale Kartei der Berliner Bankkunden.

hang mit wichtigen Ereignissen in der Entwicklung der Geschäftsstellen (Filialeröffnungen, -jubiläen, -schließungen, -zusammenlegungen, regionale Events). Für die Pressestelle der Zentrale dagegen ist die schnelle Verfügbarkeit von Daten zu „Meilensteinen" in der Finanzgeschichte allgemein und der Geschichte der Bank im besonderen ebenso von Interesse, wie biografische Daten ehemaliger Vorstands- und Aufsichtsratsmitglieder, die regelmäßig zu verschiedensten Anlässen abgefragt werden.

Daneben wenden sich Mitarbeiterinnen und Mitarbeiter ganz unterschiedlicher Bereiche aus eigenem Antrieb an das Archiv, sei es, weil sie selbst an der Geschichte „ihrer" Bank interessiert sind oder weil sie einem langjährigen Mitarbeiter zum Jubiläum oder Eintritt in den Ruhestand eine Freude mit historischen Daten, etwa aus dem Eintrittsjahr des Betreffenden, machen wollen.

Zusätzlich zu diesen internen Dienstleistungen ist der Dokumentationsbereich darauf ausgerichtet, Anfragen von Kunden mit historischem Interesse (u.a. im Bereich Familienforschung) zu beantworten und historische Forschung durch Zusatzrecherchen zu unterstützen.

Häufig ersparen Vorrecherchen in den Datensätzen der Dokumentationen umfangreiche Aktenrecherchen, da in den Datenbankeinträgen auf die jeweiligen Quellen verwiesen wird.

Die Verschränkung mit den Arbeitsbereichen Akten und Sammlungen ergibt sich dabei nahezu von selbst: Die gesammelten bzw. zu sammelnden Informationen entstammen zu einem großen Teil den im Historischen Archiv verwahrten Akten, für Recherchen zu Gebäuden der Bank ist die Fotosammlung von großem Nutzen. Außerdem ist es gerade im Falle von Presseanfragen oftmals sinnvoll, „Informationspakete" bzw. einen „Medienmix" aus Texten und Bildern zu liefern. Dies erhöht die Attraktivität der Information und damit auch die Wahrscheinlichkeit, dass das angebotene Material Verwendung findet.

Einen Sonderfall, der im Bereich Dokumentationen bearbeitet wird, bilden die sogenannten Altbankanfragen. Auch mehr als 60 Jahre nach der Währungsreform von der Reichsmark zur D-Mark im Jahr 1948 erreichen die Banken noch häufig Anfragen zu Konten die vor 1945 angelegt und geführt wurden. Das Wissen darüber, wie die Umstellung der Spar-, Giro-, Depot- und Eisernen Konten auf D-Mark erfolgte, ist sowohl bei den Kunden als auch bei den Bankangestellten eher gering. Findet jemand beispielsweise in einem Nachlass ein Sparbuch der Dresdner Bank oder eines ihrer Vorgängerinstitute mit Einträgen aus der Zeit vor 1945, glaubt er oft, das Guthaben lasse sich auch heute noch mit Zins und Zinseszins auf Euro umstellen. Schließlich ist er ja als Erbe rechtmäßiger Besitzer eines Sparbuches, das nicht als ungültig gekennzeichnet ist. Das ist in dieser Form zwar nicht richtig, da die Umstellungsfristen spätestens mit Ablauf des Jahres 1976 abgelaufen sind[19], der Service des Historischen Archivs besteht aber darin, dem Kunden nicht einfach unter Verweis auf diese Rechtslage abschlägig zu antworten, sondern die für den entsprechenden Einzelfall gültigen Umstände und rechtlichen Regelungen zu recherchieren und für den Anfragenden verständlich zusammenzustellen. Hierzu gehören oftmals umfangreiche und zeitaufwendige Recherchen in dem lückenhaften Kontenmaterial, das aus der Zeit vor und um 1945 erhalten geblieben ist. Im Idealfall kann das Archiv dem Kunden anhand der Unterlagen nachweisen, dass das Guthaben schon vor langer Zeit ordnungsgemäß auf D-Mark umgestellt wurde – dies war teilweise auch ohne Vorlage des Sparbuchs möglich – und damit seine Erledigung gefunden hat. Werden in dem nur lückenhaft vorhandenen

Aktenmaterial der Altbank keine entsprechenden Unterlagen mehr aufgefunden, erhält der Anfragende zumindest eine ausführliche Auskunft, warum die Beträge heute als verfallen anzusehen sind. Damit entlastet das Archiv zum einen die Rechtsabteilung von der Beantwortung derartiger Anfragen und trägt zum anderen dazu bei, dass sich der Kunde trotz negativen Bescheids mit seinem Anliegen ernst genommen fühlt. Die Rechtslage ist zwar eindeutig, die Bereitschaft der Bank, trotzdem umfangreiche Recherchen anzustellen, kann jedoch zu einer besseren Reputation des Instituts beim Anfragenden führen und helfen, eventuelle gerichtliche Klagen schon im Vorwege zu vermeiden. Ähnliche Recherchen führt das Historische Archiv im Auftrag der Rechtsabteilung auch für Anfragen aus, die von den Ämtern zur Regelung offener Vermögensfragen an die Bank herangetragen werden. Desgleichen können Angaben zur Werthaltigkeit von auf Reichsmark lautenden Wertpapieren beim Historischen Archiv abgefordert werden.

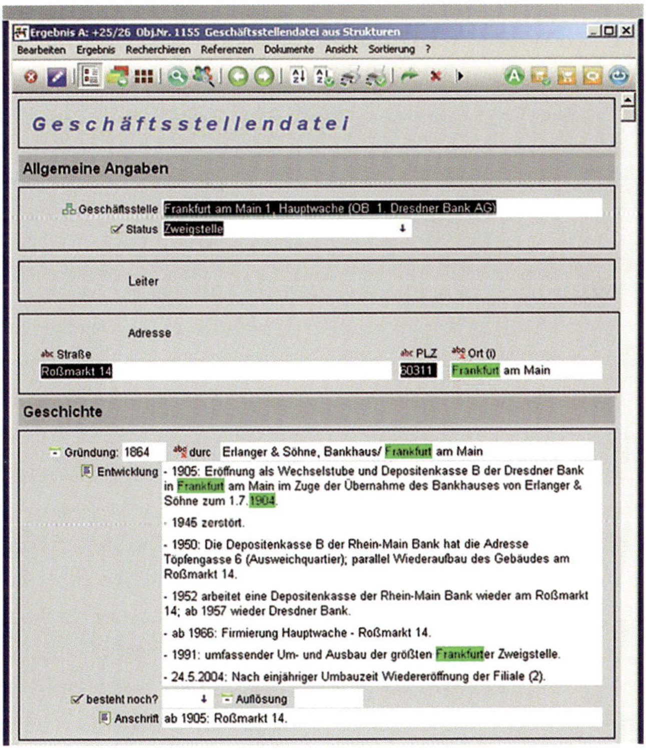

In der Geschäftsstellendatei sind Angaben zu den Filialen, Tochtergesellschaften und Vorgängerinstituten im In- und Ausland versammelt.

DOKUMENTATIONSDATEIEN

1. Chronik

Die einzelnen Datensätze beschreiben die wesentlichen Entwicklungsschritte in der Geschichte der Dresdner Bank von der Gründung ihres Vorgängerinstituts, des Bankhauses Michael Kaskel, bis zur Übernahme durch die Commerzbank 2009.

Daten können tag-, monats- oder jahresgenau eingegeben werden, Basis für den einzelnen Datensatz ist der Übersichtlichkeit wegen der Monat. Zu jedem Ereignis gehört eine Quellenangabe, Quellenbasis v.a. Geschäftsberichte, Mitarbeiterzeitschriften, Presseartikel.

Umfang: 411 Datensätze
Zeitraum: 1771 bis 2008

2. Personen

Datensätze zu wichtigen Persönlichkeiten der Dresdner Bank, ihrer Tochtergesellschaften und Vorgängerinstitute (Vorstände, Generalbevollmächtigte, Direktoren, Aufsichtsräte) mit Angaben zum privaten und beruflichen Werdegang innerhalb und außerhalb der Bank, externen Mandaten, gesellschaftlichem Engagement, Ehrungen und Auszeichnungen sowie zur Quellenlage.

Umfang: 1380 Datensätze
Zeitraum: 1872 bis 2008

3. Filialen

Grunddaten zu Inlands- und Auslandsfilialen der Dresdner Bank ihrer Tochtergesellschaften und Vorgängerinstitute.

Enthält Angaben zu Eröffnungs-, gegebenenfalls auch Schließungsdatum, zu den Filialgebäuden, zur Entwicklungsgeschichte, zum Personal (Abfolge der Filialleiter) und zur Quellenlage.

Umfang: 2831 Datensätze
Zeitraum: 1872 bis 2008

4. Tochterunternehmen

Diese Datensammlung enthält entwicklungsgeschichtliche Angaben sowohl zu Banktöchtern, als auch zu von der Bank übernommenen Instituten wie der Darmstädter und Nationalbank oder der Rheinisch-Westfälischen Disconto-Gesellschaft.

Umfang: 102 Datensätze
Zeitraum: 1800 bis 2008

III. Bibliotheken *(Cornelia Kruppik)*

Zur Ausstattung eines Archivs gehört in der Regel eine Dienst- oder Fachbibliothek, die nicht nur Archivtheorie und -praxis, sondern auch die Spezifika ihres jeweiligen Trägers zum Thema hat.

Bereits 1966, in der Startphase des „Bankhistorischen Sekretariats", gehörte die Sammlung bank- und wirtschaftshistorischen Materials, wie Fachzeitschriften, Nachschlagewerke, Festschriften, zu den Kernaufgaben der Arbeitsstelle. Wenige Jahre später war diese Fachbibliothek als Bestandteil der Volkswirtschaft bereits auf 1.700 Titel angewachsen.[20]

Da das Historische Archiv allerdings bereits wenige Monate nach seiner Gründung im Herbst 1999 organisatorisch und räumlich aus der Volkswirtschaft ausgegliedert wurde, war die Zusammenstellung einer eigenen Handbibliothek schon aus arbeitstechnischen Gründen unumgänglich. Hinzu kam, dass der Altbestand nicht mehr den neuesten Stand der bankhistorischen Forschung wiederspiegelte.

Die Beschaffung dieser Literatur bildete zunächst den Schwerpunkt der Sammlungspolitik, nach und nach ergänzt durch Veröffentlichungen zur Bankbetriebswirtschaft seit der Mitte des 19. Jahrhunderts, zur Entwicklung der Börsen und zur Geschichte des Geld- und

Die dem Archiv angeschlossene Bibliothek steht nicht nur den Angestellten der Bank, sondern auch den externen Nutzern des Archivs als Wissensspeicher für bank- und wirtschaftsgeschichtliche Fragestellungen zur Verfügung. Auch den Autoren und Herausgebern dieses Bandes – hier schwungvoll vertreten durch Dr. Katrin Lege – war sie ein unentbehrliches Hilfsmittel.

Währungswesens. Festschriften nationaler und internationaler Banken sowie Bankiersbiografien runden die Sammlung heute ebenso ab wie ein bedeutender Bestand wirtschafts- und unternehmenshistorischer Fachliteratur, die als Hilfsmittel für eigene und externe Forschungen zur Verfügung steht. Eine Besonderheit bildet die Literatur zur deutsch-jüdischen Geschichte, die mit Bezug auf die Wurzeln der Dresdner Bank sowie mit Blick auf die Rolle der Bank in den Jahren des Nationalsozialismus angeschafft wurde.

Nach der Übernahme der Dresdner Bank durch die Commerzbank und der Fusion ihrer beiden volkswirtschaftlichen Abteilungen, gelangte die inzwischen auf rund 5.000 Titel angewachsene Bibliothek des ehemaligen „Bankhistorischen Sekretariats“ im Mai 2009 in die Obhut des Historischen Archivs, das damit u.a. über eine bedeutende Sammlung von Ausgaben des „Handbuchs der deutschen Aktiengesellschaften“ seit den 1920er Jahren verfügt.

Heute umfasst die Präsenzbibliothek des Historischen Archivs rund 13.000 Titel zu den Themenbereichen:

1. Archiv- und Bibliothekswesen
2. Bankwesen
3. Bankgeschichte
4. Versicherungswesen
5. Geld. Währung. Notenbank
6. Börsenwesen
7. Geschichte
8. Judaica
9. Allgemeine Nachschlagewerke
10. Zeitschriften

IV. Historische Kommunikation *(Cornelia Kruppik, Matthias Kretschmer)*

Aufgrund der steigenden Nachfrage nach historischer Information wurde schnell deutlich, dass Standardinformationen, die regelmäßig, entweder aus dem eigenen Haus, oder von außen abgerufen werden, auch über das Intra- bzw. das Internet zugänglich sein müssen. Zunächst stellte das Historische Archiv auf der Plattform des bankinternen Intranets den Mitarbeiterinnen und Mitarbeitern eine ausführliche Chronik (Zeitleiste) zur Verfügung, die in dichter Abfolge wichtige Ereignisse (Meilensteine) der Bankgeschichte in Wort und Bild vorstellte. In acht Epochen gegliedert konnte man sich an seinem Arbeitsplatz über die Entwicklung „seiner Bank“ informieren und allgemeine Kundenfragen zur Dresdner Bank-Historie schnell beantworten. Jede Zeitspanne ergänzte ein übersichtlicher Text, der die jeweilige Epoche kompakt zusammenfasste. Waren Fragen anhand dieser Hilfsmittel nicht zu klären, führten E-Mail-Adressen und Telefonnummern direkt zur den Mitarbeitern des Archivs.

Auf der Internetseite der Dresdner Bank AG waren für den historisch Interessierten unter dem Verzeichnisbaum „Unternehmen“, „Zahlen und Fakten“, der Begriff „Historie“ anzuwählen. Hier fand sich eine konzentrierte Version der Bank-Chronik. Die zusammenfassenden Texte zu den einzelnen Epochen konnten ausgedruckt oder als PDF-Datei heruntergeladen werden. Ferner waren in Listenform alle Aufsichtsratsvorsitzenden und Vorstandssprecher sowie eine ausführliche Literaturliste zur Bankgeschichte abrufbar. Biografische Aufsätze zum Mitbegründer der Dresdner Bank, Eugen Gutmann, den ehemaligen Vorstandsvorsitzenden der Bank Carl Goetz und Jürgen Ponto ergänzten das Angebot.

Seit der Übernahme der Dresdner Bank durch die Commerzbank findet sich die Zusammenfassung zur Historie der Dresdner Bank im Webauftritt der Eugen-Gutmann-Gesellschaft[21]; zusätzlich bietet der Zeitstrahl auf der Internetseite der Commerzbank in paralleler Darstellung die wichtigsten Meilensteine in der Entwicklung beider Großbanken. An prominenter Stelle, unter „Konzern“, findet sich hier der Punkt „Geschichte“ mit seinen Unterteilungen in „Zeitstrahl“, „Literatur Commerzbank-Geschichte“ und „Übersicht Archiv-bestände“. Im Intranet der Commerzbank bietet der Menüpunkt „Selbstbild und Geschichte der Commerzbank“ für das Historische Archiv zudem die Möglichkeit, auf aktuelle Projekte aus der Archivarbeit hinzuweisen.

Als Vermittler historischer Information nach innen und außen hat sich das Historische Archiv in den letzten Jahren zunehmend dem Bereich der Öffentlichkeitsarbeit zugewandt, eine Dienstleistung, die man – ohne an dieser Stelle eine wissenschaftliche Definition oder Einordnung vornehmen zu wollen – als History Marketing oder Historische Kommunikation bezeichnen könnte.

Basierend auf diesem Gedanken gestaltet das Archiv Ausstellungen und Präsentationen zu bankhistorischen Themen. Anlässe für Ausstellungen boten in der Vergangenheit häufig Filialjubiläen; das Archiv bereitet aber auch standortübergreifende Themen auf. Bei der Vorbereitung von Ausstellungen arbeiten alle Bereiche des Archivs zusammen: Die Bibliothek dient der ersten thematischen Recherche, der Dokumentationsbereich liefert bank- bzw. standortbezogenes Material, Detailinformationen finden sich zumeist in den Akten, die Sammlungen schließlich liefern die „Eyecatcher", also die Fotos, audiovisuellen Elemente und Exponate. Es hat sich gezeigt, dass das allgemein als eher trocken empfundene Thema Bankengeschichte durch einen ausgewogenen „Medienmix" aus Text, Bildern, Objekten und Film- oder Tonbeiträgen bei Mitarbeitern und Kunden eine hohe Akzeptanz hat. Das Archiv entwickelt dabei für den jeweiligen Standort eigene Konzepte, die Standort-, Bank- und Filial-geschichte verbinden. Auch thematische Ausstellungen, wie etwa die Ausstellung von Arbeiten des bekannten Karikaturisten G.Bri (Gerhard Brinkmann), der in den 1950er und 1960er Jahren Werbezeichnungen für die Dresdner Bank anfertigte, fanden große Aufmerksamkeit in der Öffentlichkeit.

Seit Juni 2011 erinnert eine kleine Dauerausstellung an die Anfänge der Dresdner Bank und an ihren Mitbegründer und langjährigen Leiter Eugen Gutmann (1840–1925). Zu sehen ist sie in der Dresdner Bank-Filiale am Dresdner Altmarkt. Um die Verbundenheit auch der Commerzbank mit der Stadt zu betonen, in der die Dresdner Bank 1872 gegründet wurde, und gleichzeitig markenrechtliche Ansprüche zu sichern, hatte Martin Blessing am 27. September 2010 hier die bundesweit einzige Commerzbank-Filiale mit dem Namen Dresdner Bank eröffnet.

Mehr auf die Innenwirkung ausgerichtet ist das Angebot des Archivteams, interessierte Mitarbeiterinnen und Mitarbeiter durch die Archivräume und damit durch die Geschichte von Dresdner Bank und Commerzbank zu führen. Die Räumlichkeiten in der Frankfurter Moselstraße 4 bieten hierfür einen geeigneten Rahmen. Ohne dass ein durchkonzipiertes Bankmuseum entstanden ist, können sich Interessierte hier anhand verschiedenster Exponate vom Ölgemälde bis zum Banktresor auf eine Reise durch die Historie beider Banken begeben und darüber hinaus vieles zum Bankalltag früherer Zeit erfahren. Entsprechende Führungen finden nach Absprache für Gruppen von drei bis ca. 15 Personen statt.

Für das Historische Archiv bieten Ausstellungen und Führungen Gelegenheit, die eigene Arbeit einem größeren Interessentenkreis bekannt zu machen, zu zeigen, dass das Image des „angestaubten“ Archivars, der mit Ärmelschonern in einem dunklen Kellerraum sitzt und für jede Recherche mindestens ein halbes Jahr braucht, in modernen Unternehmensarchiven längst überholt ist.

Das Material der fusionierten Archive von Dresdner Bank und Commerzbank ist, wie vorstehend gezeigt, vielfältig nutzbar. Ein Historisches Archiv kann und sollte in einem Großunternehmen dazu beitragen, dass sich die Mitarbeiter „ihrer“ Firma verbunden fühlen und dieses Gefühl auch an die Kunden weitergeben. Dazu gehört auch – zumal in einer Bank mit über 140-jähriger Tradition – dass sich die Angestellten der Geschichte ihres Arbeitgebers bewusst sind. Dies gilt auch für die Bank als Ganzes. Gerade in schwierigen Zeiten sind Finanzinstitute bemüht, das verlorene Vertrauen ihrer Kunden zurückzugewinnen. Der Blick in die Geschichte kann aufzeigen, dass krisenhafte Entwicklungen schon früher mit Erfolg gemeistert wurden und helfen, die aktuelle Situation richtig einzuordnen. Sicher nicht zuletzt deshalb gehört die Verbindung von modernem Bankgeschäft mit traditionellen Werten zum Selbstverständnis der Commerzbank. Das Markenzeichen verbildlicht, wie aus der Zusammenführung zweier Traditionsmarken etwas Neues und Modernes entstehen kann.

Dresdner Bank
Die Beraterbank

COMMERZBANK

AUSSTELLUNGSKALENDER 2002 BIS 2011

2002

- Bankhaus Warschauer (Frankfurt/M.)
- Eugen Gutmann (1840–1925) (Frankfurt/M.)

2004

- 100 Jahre Dresdner Bank in Frankfurt am Main. Stationen ihrer Geschichte

2005

- Gustav und Victor von Klemperer. Direktoren der Dresdner Bank (Leipzig)

2006

- 100 Jahre Dresdner Bank in Freiburg im Breisgau. Stationen ihrer Geschichte (+ Festschrift)
- 100 Jahre Dresdner Bank in München. Stationen ihrer Geschichte
- 100 Jahre Dresdner Bank in Heidelberg. Eine Chronik in Bildern (+ Festschrift)
- 150 Jahre Bremer Bank. Stationen ihrer Geschichte (+ Publikation)

2007

- 50 Jahre „neue" Dresdner Bank (Düsseldorf, Frankfurt/Main, Hamburg)
- 100 Jahre Dresdner Bank in Augsburg. Stationen ihrer Geschichte
- Ausstellung zum Gedenken an Jürgen Ponto (1923–1977) (Frankfurt/M.)

2008

- Gerhard Brinkmann (1913–1990). Werbezeichnungen für die Dresdner Bank (Berlin, Frankfurt/M.)
- 100 Jahre Dresdner Bank in Kassel. Stationen ihrer Geschichte
- Walter-Hallstein-Preis (in Zusammenarbeit mit Corporate Social Responsibility) (Brüssel)

2009

- Dresdner Bank in Leipzig. Stationen ihrer Geschichte 1909–2009 (+ Festschrift)
- 100 Jahre Dresdner Bank in Wiesbaden. Stationen ihrer Geschichte

2010

- 100 Jahre Commerzbank in München
- Wertpapierausstellung (Dresden)
- Aufbruch ins Ungewisse. Commerzbank und Dresdner Bank in den neuen Bundesländern (Frankfurt/M.)

2011

- Frauen in unserer Bank. Karrieren gestern – heute – morgen (Frankfurt/M.)
- Dauerausstellung Dresdner Bank (Dresden)

Ausstellungen zur Geschichte der Bank – hier anläßlich des 100-jährigen Bestehens der Dresdner Bank in Frankfurt im Jahre 2004 – bilden einen wichtigen Schnittpunkt von interner und externer Öffentlichkeitsarbeit (oben). Einen weiteren Anziehungspunkt für Besucher sind die mit zahlreichen Exponaten zur Bankgeschichte ausgestatteten Räume des Historischen Archivs (unten).

Kooperation mit Museen und Archiven (Beratung, Dauerleihgaben)

- Deutsche Nationalbibliothek, Frankfurt am Main
- Deutsches Architekturmuseum, Frankfurt am Main
- Firmenhistorisches Archiv der Allianz-Versicherungs-AG, München
- Museum für hamburgische Geschichte (Hamburg-Museum), Hamburg
- Historisches Museum der Stadt Frankfurt am Main
- Industriemuseum Chemnitz (Zweckverband Sächsisches Industriemuseum), Chemnitz
- Jüdisches Museum, Berlin
- Jüdisches Museum, Frankfurt am Main
- Stiftung – Haus der Geschichte der Bundesrepublik Deutschland, Bonn

Unterstützung von Spielfilmprojekten (Beratung, Ausstattung)

- „Sass" – Geschichte der Gebrüder Franz und Erich Sass, die in der Weimarer Republik als Bankeinbrecher zu Popularität gelangten. Regie: Carlo Rola. Premiere: September 2001
- „Banklady" (Arbeitstitel) – Leben der Gisela Werler, die als erste Bankräuberin Deutschlands gilt. Regie: Christian Alvart. Premiere: März 2014.

Anmerkungen

1 Zu Hunscha und der Gründung des Spezialarchivs siehe Beitrag von Michael Jurk in diesem Band.
2 Rundschreiben des Volkswirtschaftlichen Sekretariats an die Direktion der Dresdner Bank, 4.8.1966, in: HAC-500/130930.
3 HAC-500/120995, Eingang 374, Betr.: Jubiläum Dresdner Bank – Gesammelte Materialien – Stand September 1970; s. a.: HAC-500/18187-2000.
4 Wer hat noch Erinnerungsstücke?, in: WIR 133, 11/1986, S. 6.
5 Zur Geschichte unserer Bank, in: WIR 139, 11/1987, S. 5.
6 Vgl. Archive der deutschen Kreditwirtschaft. Ein Verzeichnis hrsg. im Auftrag des Instituts für bankhistorische Forschung e.V., bearb. von Gabriele Jachmich, Stuttgart 1998, S. 58.
7 Unter dem Namen „WIR. Zeitschrift für die Mitarbeiter der Dresdner Bank“ erstmalig erschienen im April/Mai 1967; seit der Ausgabe vom Februar 2001 als „dresdner banker. Das Magazin in der Dresdner Bank Gruppe“.
8 Linse, Carmen, Ehe die Geschichte zu Staub zerfällt, in: WIR 211, 2/2000, S. 28 f.
9 Linse, Carmen, Ein Fall fürs Archiv, in: WIR 217, 11-12/2000, S. 20 f.
10 Michael Jurk, Fundstücke: Bewegte Zeiten, dresdner banker 220, 4/2001, S. 47.
11 „Das Historische Archiv der Commerzbank AG besitzt eine herausragende Wertpapiersammlung, die ca. 2000 historische Aktien umfaßt und durch eine tiefe elektronische Erfassung zugänglich ist. Zahlreiche Stücke wurden bisher niemals im Sammlermarkt für Historische Wertpapiere gesichtet. Einzigartig und in dieser Form kaum duplizierbar ist der Bestand mit Wertpapieren rund um die Geldhäuser Dresdner Bank AG und Commerzbank AG. Von Gründeraktien, Wertpapieren von Keimzellen der Bank sowie deren Tochterunternehmungen, Aktien aus Kapitalerhöhungen, Anleihen bis hin zu den Hoffnungswerten der Großbanken, den Restquoten sowie den DM-Aktien und Derivaten, nahezu alles ist darin vertreten.“ Michael Weingarten, Benecke & Rehse, Mail v. 20.6.2012.
12 Schreiben vom 10.5.1979, HAC-500/13090.
13 Tagungsprotokoll vom 21./22.2.1980, HAC-500/13090.
14 Angelika Menne-Haritz, Schlüsselbegriffe der Archivterminologie (Veröffentlichungen der Archivschule Marburg, Nr. 20), 2. Aufl., Marburg 1999, S. 87.
15 Evelyn Kroker, Archiv, Bibliothek, Dokumentation, Museum – Abgrenzungen und Gemeinsamkeiten, in: Handbuch der Wirtschaftsarchive. Theorie und Praxis, hrsg.von Evelyn Kroker u.a., München 1998, S. 1-8; S.3.
16 „Aus 100 Jahren Geschichte der Dresdner Bank“, Anhang zu Chiffren einer Epoche. 100 Jahre – 100 Kontraste. Herausgegeben von der Dresdner Bank anläßlich ihres hundertjährigen Bestehens 1972, Frankfurt/Main 1972. Hans G. Meyen, 120 Jahre Dresdner Bank. Unternehmens-Chronik 1872–1992, Frankfurt/Main 1992.
17 Klaus-Dietmar Henke (Hrsg.), Die Dresdner Bank im Dritten Reich, 4 Bände, München 2006.
18 Ralf Ahrens, Die Dresdner Bank 1945–1957. Konsequenzen und Kontinuitäten nach dem Ende des NS-Regimes, München 2007.
19 Vgl. Gesetz zum Abschluß der Währungsumstellung vom 17. Dezember 1975 (BGBl. I S. 3123).
20 Siehe dazu den Beitrag von Michael Jurk in diesem Band.
21 Zur Eugen-Gutmann-Gesellschaft siehe den Beitrag von Katrin Lege in diesem Band.

Die Porträts des Dresdner Bank-Mitbegründers Eugen Gutmann und seiner Ehefrau Sophie sind Werke Franz von Lenbachs.
Es handelt sich um Vorstudien zu heute verlorenen Ölgemälden, die anläßlich des 25-jährigen Dienstjubiläums Gutmanns im Jahre 1897 entstanden sind (Sammlung Eugen-Gutmann-Gesellschaft).

Zukunft braucht Erinnerung

Die Eugen-Gutmann-Gesellschaft e.V.

Katrin Lege

„Leben kann man nur vorwärts, das Leben verstehen nur rückwärts". Dieser Gedanke von Sören Kierkegaard kommt in abgewandelter Form auch im Wahlspruch der Eugen-Gutmann-Gesellschaft „Zukunft braucht Erinnerung" zum Ausdruck und steht für die Überzeugung, dass gemeinsam erlebte Geschichte mit den darauf aufbauenden Traditionen und Wertvorstellungen in Zeiten des beschleunigten ökonomischen und gesellschaftlichen Wandels für Menschen ebenso wie für Unternehmen von hoher Bedeutung ist. Ihre Kenntnis bildet als Bestandteil der Unternehmenskultur eine wichtige Basis für die erfolgreiche Bewältigung künftiger Herausforderungen. Dies gilt vor allem für das Kreditgeschäft, das in hohem Maße von langfristig gewachsenem gegenseitigen Vertrauen abhängig ist.

Mit diesem Verständnis von Geschichte trat am 12. November 2002 die Eugen-Gutmann-Gesellschaft zu ihrer Gründungsversammlung zusammen. Abgesehen von dieser eher philosophischen Prämisse lag der Gründung der Gesellschaft aber auch die ganz praktische Absicht zugrunde, das durch die Etablierung des Historischen Archivs geweckte Interesse der Dresdner Bank an ihrer Geschichte durch die Einrichtung einer mitgliederstarken und repräsentativen Institution zu verstetigen.[1]

Bei der Namensgebung hatte sich die Gesellschaft bewußt auf die jüdischen Wurzeln der Dresdner Bank bezogen, die in den ersten Jahrzehnten ganz von der überragenden Unternehmerpersönlichkeit ihres Mitbegründers Eugen Gutmann geprägt war. Auf Initiative des 1840 in Dresden geborenen Bankiers war am 12. November 1872 in Kooperation mit dem Privatbankhaus Michael Kaskel die Aktiengesellschaft Dresdner Bank entstanden. Dank des geschickten Krisenmanagements Gutmanns überwand die Bank die Gründerkrise des Jahres 1873 und richtete acht Jahre später in der prosperierenden

Finanzmetropole Berlin eine Niederlassung ein, die aufgrund ihrer erfolgreichen Geschäftstätigkeit nur wenig später zum Hauptsitz der Dresdner Bank avancierte. Unter der Führung Gutmanns knüpfte die Bank ein dichtes Filialnetz und entwickelte sich von einem Regionalinstitut zu einer der führenden Großbanken im Deutschen Reich. Nach fast fünf Jahrzehnten an der Spitze der Dresdner Bank trat Gutmann im Jahre 1920 zurück und starb am 21. August 1925 in München.[2]

Seit ihrer Gründung hat die Gesellschaft dem § 2 ihrer Satzung folgend die Banken- und Wirtschaftsgeschichte in Form von Publikationen, Ausstellungen und Förderprojekten einer interessierten Öffentlichkeit zugänglich gemacht.

Einen Schwerpunkt bildete zunächst die Geschichte der Dresdner Bank. Seit deren Übernahme im Jahre 2008 ist als neuer, zusätzlicher Fokus die Commerzbank hinzugekommen, so dass die Gesellschaft seitdem in enger Zusammenarbeit mit dem Historischen Archiv die Traditionslinien beider Häuser pflegt.[3]

Seit 2002 verzeichnet die Gesellschaft einen kontinuierlichen Zuwachs an Mitgliedern, deren Zahl sich gegenwärtig auf gut 700 Personen beläuft. Dabei ist die ausgeglichene Zusammensetzung der Mitgliederschaft hervorzuheben. Zu den ursprünglich mehrheitlich aus dem Kreis der Dresdner Bank kommenden Mitgliedern, sind in den letzten Jahren zahlreiche ehemalige und aktive Mitarbeiterinnen und Mitarbeiter der Commerzbank hinzugekommen, die durch eine beträchtliche Anzahl externer Mitglieder, vor allem aus dem Bereich der Wissenschaft, ergänzt werden.

Im Sinne der zentralen Aufgabe der Gesellschaft, nämlich der Förderung der bankhistorischen Forschung, wurden in den letzten Jahren Druckkostenzuschüsse für wissenschaftliche Arbeiten gewährt, Exkursionen von wirtschaftshistorischen Seminaren gefördert und ein Stipendium für Studierende der Bank- und Unternehmensgeschichte der Ruhr-Universität Bochum ausgeschrieben.

Wesentlich für die Wirksamkeit der Gesellschaft nach außen ist die Durchführung öffentlicher Vortragsveranstaltungen, die in der Regel mit den jährlichen Mitgliederversammlungen verbunden sind. Beispiele dafür waren in den vergangenen Jahren Vorträge über die Entwicklung von Wirtschaftskrisen (Prof. Werner Plumpe, Frankfurt/M.) oder über die Wertvorstellungen deutscher Manager (Prof. Eugen Buß, Hohenheim), die im Anschluß an unsere Mitgliederversammlung im April 2013 bzw. März 2009 zu angeregten Diskussionen führten.

Zu den wichtigsten Veranstaltungen der Anfangszeit gehörte die öffentliche Präsentation der vierbändigen Studie „Die Dresdner Bank im Dritten Reich“ im Frühjahr 2006. Die Ergebnisse dieser Untersuchung wurden nicht nur im Berliner Eugen-Gutmann-Haus vorgestellt, sondern darüber hinaus auch den Kolleginnen und Kollegen der Dresdner Bank an mehr als einem halben Dutzend Regionalstandorten erläutert. Von den Ergebnissen führten vor allem die Berichte über den Umgang der Bank mit ihren jüdischen Angestellten immer wieder zu spontanen Reaktionen der Zuhörer. Man diskutierte über die Frage, wie man sich denn angesichts der Entlassung der jüdischen Kolleginnen und Kollegen selbst verhalten hätte. Hätte man stillschweigend von den unerwarteten Aufstiegschancen profitiert oder gegen die Repressionen protestiert? An dieser Stelle war der Nutzen einer kritischen Auseinandersetzung mit der eigenen Geschichte ganz deutlich zu erkennen.

Unter dem Leitspruch der Gesellschaft „Zukunft braucht Erinnerung“ standen auch die zahlreichen Ausstellungen, die in Zusammenarbeit mit dem Historischen Archiv der Dresdner Bank und dann der Commerzbank konzipiert und durchgeführt wurden. Es waren dies z. B. Ausstellungen über den Aufbruch von Dresdner Bank und Commerzbank in der Nachwendezeit oder über den allmählichen Aufstieg von Frauen im Bankgewerbe seit dem Beginn des 20. Jahrhunderts.

Zweimal 100 Jahre Leipzig: Dresdner Bank (2009) und Commerzbank (2011).

Im Sinne eines wohl verstandenen History Marketing hat die Eugen-Gutmann-Gesellschaft zudem Filialjubiläen aus historischer Perspektive mitgestaltet; so etwa das 100-jährige Gründungsjubiläum der Filiale Leipzig der Dresdner Bank (2009) und der Commerzbank (2011), die beide mit einer kleinen Festschrift begleitet wurden.

Ohnehin gehören die bankhistorischen Veröffentlichungen zu den Arbeitsschwerpunkten der Gesellschaft. Bis heute sind in der wissenschaftlichen Reihe acht Bände erschienen, die sich nicht nur der Geschichte von Dresdner Bank und Commerzbank widmen, sondern auch die Entwicklung anderer Finanzinstitutionen beschreiben, wie zum Beispiel die Historie des Berliner Privatbankhauses Robert Warschauer & Co.

Daneben sind eine Fülle von Sonderpublikationen zu den verschiedensten Themen und Anlässen herausgegeben worden. Besonders zu

Die 2011 erschienene vergleichende Studie über die Finanzkrisen 1931 und 2008 ist ein Beitrag zur Diskussion historischer Fragen unter aktuellem Bezug – einem der Leitgedanken der Eugen-Gutmann-Gesellschaft.

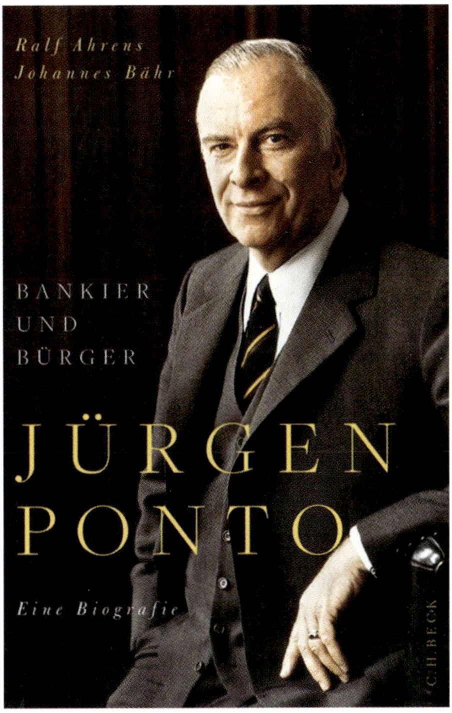

Die Biografie über Jürgen Ponto wurde 2013 veröffentlicht. Der 1977 von der RAF ermordete Vorstandssprecher gilt als einer der wesentlichen Erneuerer der Dresdner Bank.

erwähnen ist die Studie von Johannes Bähr und Bernd Rudolph zum Vergleich der Finanzkrisen 1931 und 2008, die 2011 erschienen ist sowie die Biografie über den Vorstandssprecher der Dresdner Bank, Jürgen Ponto. Die Gesellschaft hat das von Johannes Bähr und Ralf Ahrens verfasste Buch 2013 der Öffentlichkeit vorgestellt.

Dem Vergleich historischer Ereignisse mit aktuellen Entwicklungen ist ein seit 2012 zweimal jährlich unter dem Namen „geschichte aktuell" erscheinender Newsletter gewidmet. In der ersten Folge wurde angesichts der Diskussionen um mögliche Vorzüge des Trennbankenmodells die Genese der deutschen Universalbanken seit dem letzten Drittel des 19. Jahrhunderts in knapper, aber wissenschaftlicher Weise untersucht. Im zweiten Newsletter stand die Frage zur Diskussion, ob das Internetbanking die klassische Filiale künftig verdrängen werde.[4] Diese Rückkoppelung tagesaktueller Themen mit historischen Erfahrungshorizonten gehört zu den zentralen Arbeitsfeldern der Eugen-Gutmann-Gesellschaft, die deren Kuratoriumsvorsitzender, Wolfgang Röller, vor dem Hintergrund seiner eigenen Lebenserfahrung treffend mit einem Zitat Ludwig Börnes umschrieben hat: „Es gibt Sonnen- und Mondfinsternisse in der Geschichte wie in der Natur. Die unkundige Menge bebt bei ihrem Anblick und wähnt, es stünde der Welt ihr Untergang bevor. Der Weise lächelt und weiß, dass sie vorübergehen.“[5]

Anmerkungen

1 Eugen-Gutmann-Gesellschaft (Hrsg.), Gründungsversammlung am 12. November 2002, Dresden 2003.

2 Zur Biografie Gutmanns siehe Dieter Ziegler, „Alle Zeit gehört der Bank“. Der Bankier Eugen Gutmann (1840–1925), Dresden 2009.

3 Laut Satzung ist der Leiter des Historischen Archivs der Commerzbank gleichzeitig auch Vorsitzender der Eugen-Gutmann-Gesellschaft. Zu den Aktivitäten der Gesellschaft siehe auch die 2012 erschienene Jubiläums-DVD „Zukunft braucht Erinnerung. Eugen-Gutmann-Gesellschaft e.V. 2002–2012“.

4 Diese Texte sind regelmäßig auch über die Internetseite der Gesellschaft (www.eugen-gutmann-gesellschaft.de) verfügbar, die zudem über anstehende Termine, Projekte und Fördervorhaben informiert.

5 Zitiert nach Wolfgang Röller, Tradition verbindet, wie Fn. 1, S. 17

Publikationen der Eugen-Gutmann-Gesellschaft 2002 bis 2014

Schriftenreihe

Jüdell, Felix, Erfahrung lässt sich nicht vererben. Dresdner Bank. Ihre Entwicklung von 1872 bis 1914. Mit einer Einleitung von Morten Reitmayer (Publikationen der Eugen-Gutmann-Gesellschaft, Band 1), Dresden 2005.

Graul, Andreas, Gustav und Victor von Klemperer. Eine biographische Skizze. Mit Bildern und Dokumenten aus dem Besitz der Familie von Klemperer (Publikationen der Eugen-Gutmann-Gesellschaft, Band 2), Dresden 2005.

Wixforth, Harald, „unserer lieben ältesten Tochter". 150 Jahre Bremer Bank 1856–2006. Eine Finanz- und Wirtschaftsgeschichte der Hansestadt Bremen (Publikationen der Eugen-Gutmann-Gesellschaft, Band 3), Dresden 2006.

Sattler, Friederike, Ernst Matthiensen (1900–1980). Ein deutscher Bankier im 20. Jahrhundert (Publikationen der Eugen-Gutmann-Gesellschaft, Band 4), Dresden 2008.

Krause, Detlef, Commerzbank. Eine Zeitreise (1870–2010) (Publikationen der Eugen-Gutmann-Gesellschaft, Band 5), Dresden 2010.

Jurk, Michael / Lege, Katrin (Hrsg.), In bester Lage. Geschichte eines Quartiers an der Berliner Behrenstraße (Publikationen der Eugen-Gutmann-Gesellschaft, Band 6), Dresden 2011.

Jurk, Michael / Lege, Katrin (Hrsg.), Die Garage des Zühlener Pfarrers. Beiträge zu Geschichte und Struktur der Dresdner Bank-Überlieferung im Historischen Archiv der Commerzbank (Publikationen der Eugen-Gutmann-Gesellschaft, Band 7), Dresden 2014.

Herr, Laura, „Arbeit ist des Bürgers Zierde". Das Privatbankhaus Robert Warschauer & Co. (Publikationen der Eugen-Gutmann-Gesellschaft, Band 8), Dresden 2014.

Sonderpublikationen
Eugen-Gutmann-Gesellschaft (Hrsg.), Gründungsversammlung am 12. November 2002, Dresden 2003

Fink, Oliver, 100 Jahre Dresdner Bank in Heidelberg, Stationen ihrer Geschichte, Dresden 2006.

Ahrens, Ralf, 100 Jahre Dresdner Bank in Freiburg im Breisgau. Die Bank als Teil der Stadt, Dresden 2006.

Bähr, Johannes, Zwischen zwei Kontinenten. Hundert Jahre Dresdner Bank Lateinamerika vormals Deutsch-Südamerikanische Bank, Dresden 2007.

Dem Leben und Werk Eugen Gutmanns, des Mitbegründers der Dresdner Bank, ist ein 2009 erschienener Essay Dieter Zieglers gewidmet.

Graul, Andreas, Die Dresdner Bank in Leipzig. Zum 100. Geburtstag der Filiale, Dresden 2009.

Ziegler, Dieter, „Alle Zeit gehört der Bank“. Der Bankier Eugen Gutmann (1840–1925), Dresden 2009.

Eugen-Gutmann-Gesellschaft (Hrsg.), Mit dem grünen Band der Sympathie. Wolfgang Röller zum 80. Geburtstag. Ausgewählte Reden. Mit einem biografischen Essay von Max Behland, Dresden 2009.

Graul, Andreas, Die Commerzbank in Leipzig. Zum 100. Geburtstag der Filiale, Dresden 2011.

Bähr, Johannes / Rudolph, Bernd, Finanzkrisen 1931 und 2008, München 2011.

Bähr, Johannes / Ahrens, Ralf, Jürgen Ponto. Bankier und Bürger. Eine Biografie, München 2013.

1978 noch Wettbewerber im Hochhausbau: Vorne das 1974 fertig gestellte Hochhaus der Commerzbank, im Hintergrund strebt der 1973 begonnene Turm der Dresdner Bank seiner Vollendung entgegen. Blick aus Richtung des Frankfurter Roßmarkts.

„Gemeinsam mehr erreichen“
Die Integration der Historischen Archive der Commerzbank und der Dresdner Bank*

Detlef Krause

Mit der Ende August 2008 verkündeten Übernahme der Dresdner Bank durch die Commerzbank fusionierten zwei Kreditinstitute, die in einem ähnlichen historischen Kontext entstanden sind. Ihre Anfänge reichen bis in die Gründerzeit des Deutschen Kaiserreichs zurück. Die Commerzbank wurde 1870 in Hamburg gegründet, und die Dresdner Bank ging 1872 aus dem Dresdner Privatbankhaus Michael Kaskel hervor. Zum Zeitpunkt der Übernahme kamen die bisherigen Wettbewerber somit auf eine addierte Geschichte von beinahe 275 Jahren. Eine besondere Note dieser Transaktion war, dass die Dresdner Bank lange Zeit als Nr. 2 und die Commerzbank als Nr. 3 auf dem deutschen Bankenmarkt agiert haben. Erst in der jüngeren Vergangenheit änderte sich die Rangfolge, als die Commerzbank 2005 zum zweitgrößten Kreditinstitut in Deutschland avancierte, während die Dresdner Bank schon 2001 mehrheitlich von der Allianz übernommen worden war.

Die Zusammenführung der beiden Traditionsbanken stellte das bis dahin größte Integrationsprojekt der deutschen Bankengeschichte dar. Aus der Erfahrung, dass in der Vergangenheit eine Vielzahl von Unternehmensfusionen nicht zuletzt an kulturellen Barrieren gescheitert ist, wurden praktische Lehren gezogen. Das Management konzentrierte sich nicht nur darauf, den technischen Merger der organisatorischen und technischen Strukturen voranzutreiben, sondern richtete den Fokus insbesondere auch auf den kulturellen Merger. Deshalb spielten von Beginn an „weiche“ Themen wie Kultur, Identifikation und Geschichte im Prozess des Change Managements ebenfalls eine zentrale Rolle.

* Den Claim „Gemeinsam mehr erreichen“ setzte die Commerzbank von 2009 bis 2012 ein.

Jede Biografie, jede Identität ist der momentane Ausdruck einer oft langjährigen Entwicklung, ist demnach historisch gewachsen. Der Blick auf die eigene Geschichte bietet hier Vergewisserung seiner selbst: „Wer sind wir?“; so wie der Blick auf die Geschichte des anderen die Frage beantwortet: „Wer sind die anderen?“ Gerade in einer Umbruchsituation wie einer Fusion kann die Darstellung der Geschichte helfen, sowohl die eigene Identität zu erkennen als auch den Fusionspartner besser kennenzulernen. Und schließlich muss den zwar unbeteiligten, aber doch betroffenen Dritten – Kunden, Geschäftspartnern und Medien – die Identität der „neuen“ Bank kommuniziert werden.

Die Historischen Archive – die „Gedächtnisse“ beider Banken – haben diese Aufgabe gemeinsam angenommen und auf vielfältige Weise die Geschichte der Commerzbank und der Dresdner Bank vermittelt. Zielgruppen der historischen Kommunikation waren Mitarbeiterinnen und Mitarbeiter wie auch Kunden und die mediale Öffentlichkeit. Schon sehr frühzeitig erarbeiteten „gelbe“ und „grüne“ Historiker gemeinsam eine Zeitleiste für die Mitarbeiterzeitschriften beider Banken. Die Zeitleiste wurde zudem in Form einer animierten Flash-Datei als ständige Einrichtung auf der Commerzbank-Website und im internen Markenportal installiert. Im Frühjahr 2009 wurde außerdem die Webseite der Commerzbank-Geschichte mit der entsprechenden Webseite der Dresdner Bank verlinkt. Als weitere Produkte konnten eine Ausstellung für Führungskräfte des Wealth Managements und mehrere Präsentationen für die interne und externe Kommunikation platziert werden. Ebenso waren historisches Wissen und historische Exponate bei der Einführung des neuen Markenauftritts der Commerzbank gefragt. Ein eigens hergestellter Film über die Geschichte der Logos von Commerzbank und Dresdner Bank wurde auf der Pressekonferenz am 28. Oktober 2009 zur Vorstellung des neuen, gelben Bandes gezeigt und den Medien als Footage-Material zur Verfügung gestellt.

Darüber hinaus stellte die Zusammenlegung von Geschäftsstellen im inländischen Filialgeschäft eine wichtige Aufgabe der historischen Kommunikation auf der regionalen Ebene dar. In dieser zweijährigen Phase der Filialintegration wurden häufig – und meist sehr kurzfristig – historische Informationen, Texte und Fotos zu einzelnen Filialstandorten „gelber“ und „grüner“ Provenienz angefragt. Die Beantwortung der Anfragen erfolgte jeweils zeitnah und in enger Abstimmung zwischen den Historischen Archiven beider Häuser.

Die „Historiker-Archivare“ der Dresdner Bank und der Commerzbank erlebten das bankgeschichtlich herausragende Ereignis einer Übernahme des viertgrößten Instituts durch den Zweitgrößten der Branche sozusagen als Zeitzeugen aus nächster Nähe. Zugleich waren sie als Angestellte beider Häuser aber auch Teil des Integrationsprozesses. Wie verlief die Zusammenlegung der Historischen Archive beider Banken in der Praxis?

Schon ein flüchtiger Vergleich der archivischen Kennziffern zeigte, dass das Historische Archiv der Dresdner Bank deutlich breiter aufgestellt war als das Archiv der Commerzbank:

	Commerzbank	*Dresdner Bank*
Archivalien	1.200 lfm.	20.000 lfm.
Personalausstattung	1,5 Vollzeitkräfte	4 Vollzeitkräfte
Organisatorische Anbindung	Kommunikation	Generalsekretariat

Die unterschiedliche Ausprägung der Archive hängt sicherlich auch mit der jeweiligen Entstehungsgeschichte zusammen. Das Historische Archiv der Dresdner Bank ist 1999 in Zusammenhang mit der Einberufung eines Forschungsprojekts zur Geschichte der Dresdner Bank in der Zeit des Nationalsozialismus errichtet worden. Angesichts der exponierten Rolle der Bank während dieser Phase mussten erhebliche Ressourcen eingesetzt werden, um den Aufbau des Archivs zügig voranzutreiben.

Das Historische Archiv der Commerzbank hat eine andere, eher evolutionäre Vorgeschichte. Im April 1954 verschickte die Hamburger Organisations-Abteilung ein Rundschreiben an alle Geschäftsstellen im Nordbereich. Darin wurden die Filialen aufgefordert, „geeignete Unterlagen, die sich auf die Geschichte und die Entwicklung Ihrer Geschäftsstelle beziehen“, an die Volkswirtschaftliche Abteilung zu übersenden. Im Dezember 1955 folgte ein weiteres Rundschreiben, mit genauen Fragen zur Existenz von Handelsregister-Akten und Fotos; ebenso wurden Erfahrungen mit den Besatzungsbehörden nachgefragt. Ähnliche Aktivitäten entwickelten die anderen Nachfolgeinstitute der Commerzbank. Im Geschäftsbereich Süd stellte das Vorstandssekretariat allen Filialen einen Ordner aus Rindsleder mit dem eingeprägten Commerzbank-Logo zur Verfügung, „in dem das Chronik-Material in geschmackvoller würdiger Aufmachung gesam-

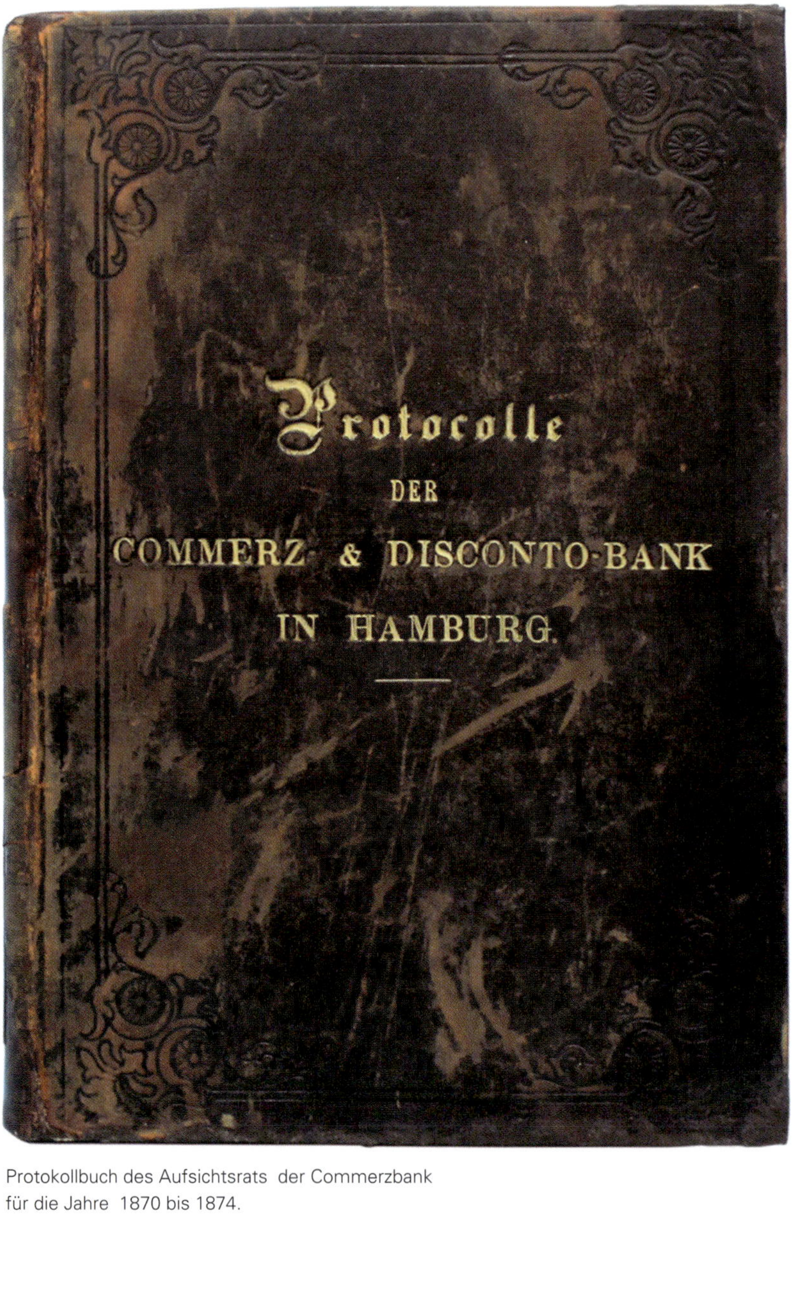

Protokollbuch des Aufsichtsrats der Commerzbank
für die Jahre 1870 bis 1874.

melt werden“ konnte. Im Westen hat schließlich die Düsseldorfer Personal-Abteilung eine Materialsammlung zur Geschichte der Bank zusammengestellt.

Einen Schub erhielt das Historische Archiv durch die Vorbereitungen zum 100-jährigen Bestehen der Commerzbank im Jahr 1970. Die Volkswirtschaftliche Abteilung in Düsseldorf schrieb Anfang der sechziger Jahre die Pensionäre der Bank mit der Bitte um Unterstützung an. Dank dieser Umfrage kamen sehr viele Berichte und Dokumente zusammen, insbesondere über die ehemaligen Filialen in Ostdeutschland. Viele Informationen flossen in die 1970 erschienene Jubiläumsschrift „100 Jahre Commerzbank“ ein, die der Journalist Volkmar Muthesius und die Commerzbank-Volkswirte Hans Kurzrock und Herbert Wolf verfassten. Um das gesammelte Material zu erschließen und benutzbar zu machen, wurden die Dokumente und Fotos unter Leitung des Volkswirts Richard Mertmann auf Karteikarten verzeichnet. Diese Maßnahme war eine wichtige Weichenstellung zu einer dauerhaften Einrichtung eines Historischen Archivs.

Zu Beginn der 1980er Jahre gab es Überlegungen, einen Historiker-Archivar einzustellen. Die damals angespannte Geschäftslage vereitelte jedoch diese Bemühungen. Schließlich konnte – nicht zuletzt auf Betreiben des ehemaligen Chef-Volkswirts Herbert Wolf – am 1. Januar 1988 in der Zentralen Abteilung Volkswirtschaft und Kommunikation ein Archiv unter dem Namen „Historische Dokumentation“ geschaffen werden. Mit dem Aufbau der Einrichtung wurde der Autor dieses Artikels betraut.

Die in Düsseldorf vorhandenen historischen Unterlagen wurden Anfang 1988 von Düsseldorf nach Frankfurt verbracht. Der gesamte Archivbestand umfasste bescheidene 22,5 laufende Regalmeter. Als zentrale Aufgaben stellten sich seinerzeit:

- Die Materialsammlung des Archivs systematisch auszuweiten,
- klimatisch geeignete Magazin-Räume zu finden,
- die Archivbestände in einer Datenbank zu erfassen,
- die Geschichte der Commerzbank intern und extern zu vermitteln,
- als Dienstleister Anfragen zur Geschichte der Bank zu beantworten.

Als eine der ersten Maßnahmen zur Akten-Akquisition boten sich Recherchen an älteren Filialstandorten in Kellern und auf Dachböden an. Im ehemaligen Luftschutzkeller der Filiale Wuppertal-Barmen fanden sich beispielsweise Unterlagen und Bilanzbücher des Barmer

Bank-Vereins. Aus Hamburg, dem Gründungsort der Commerzbank, gelangten Akten und Protokolle inbesondere aus der Zeit nach dem Zweiten Weltkrieg in das Historische Archiv. Darüber hinaus verschaffte ein Rundschreiben an alle inländischen Filialen einen Überblick, inwieweit Chroniken, Broschüren oder Fotos in den Geschäftsstellen vorhanden waren. Regelmäßige Kontakte mit den Referaten Kommunikation im Filialbereich führten außerdem dazu, dass Filial-Jubiläen ein fester Bestandteil der regionalen Pressearbeit wurden. Der jährliche Fahrplan der Jubiläen erfolgt nach einer konzernweit einheitlichen Zählweise, die vom Historischen Archiv definiert wird. Mittlerweile ist diese Tätigkeit als Prozess anerkannt und wird seit 2010 unter dem Titel „Jubiläen von Commerzbank-Einheiten historisch begleiten" im internen Regelwerk Comrules dokumentiert.

Unternehmensarchive haben die Aufgabe, Quellen zu sichern und zu erschließen, um die Struktur und die Tätigkeit „ihres" Unternehmens im Laufe der Zeit abzubilden. Dabei sollten sie Akten möglichst kontinuierlich übernehmen, um Lücken in der Überlieferung zu verhindern. Im Unterschied zur staatlichen Sphäre gelten in der Wirtschaft in der Regel allerdings keine gesetzlichen Abgabepflichten. Die Archive der Wirtschaft sind daher meist auf die Kooperation und die Bereitschaft der Unternehmens-Abteilungen angewiesen, Unterlagen an das Archiv abzugeben. Zudem sind die wichtigsten archivischen Ressourcen – Personal und Raum – in Unternehmen meist sehr begrenzt, sodass auch der Aktenzufluss mengenmäßig eingeschränkt bleiben muss. Ein Ausweg ist etwa, sich vor allem auf Unterlagen der Leitung eines Unternehmens zu konzentrieren, während Akten aus anderen Bereichen in geringerem Umfang archiviert werden. So konnte das Historische Archiv der Commerzbank im August 1996 eine Vereinbarung mit dem Vorstands-Sekretariat treffen. Darin wurde festgehalten, dass das Vorstands-Sekretariat dem Historischen Archiv wichtige Unterlagen nach Ablauf von zehn Jahren zur Übernahme anbietet. Diese Notiz unterstrich sicherlich, dass das Historische Archiv ein sehr gutes *Standing* als „vertrauenswürdiges Gedächtnis" der Commerzbank erreicht hatte. Die Erfahrung zeigt aber auch, dass solche Abkommen angesichts der personellen Veränderungen und wechselnden Zuständigkeiten immer wieder aktiviert und mit Leben gefüllt werden müssen.

Der Aufbau des Commerzbank-Archivs fiel in eine Phase, als Archivare nicht länger Karteikarten beschrieben und Findbücher druckten, sondern zunehmend Datenbanken als Findmittel einsetzten. Organisatorisch gehörte das Historische Archiv seinerzeit zum Bereich Information und Dokumentation. Diese IuD-Stelle betrieb gemeinsam mit anderen Kreditinstituten die Datenbank ROMULUS. Es lag also nahe, dass sich das Historische Archiv an dieser Anwendung beteiligte. Im Mai 1989 konnte unter ROMULUS eine eigene Datenbasis (HC) für das Historische Archiv eingerichtet werden. Die vorhandenen Karteikarten wurden mit Hilfe eines Praktikanten in das System übertragen. Am Jahresende 1991 existierten somit 1.228 Einträge in der Datenbank.

Nach dem Fall des Eisernen Vorhangs und der deutschen Wiedervereinigung öffneten sich viele Archive in Mittel- und Osteuropa für die Forschung, und westliche Historiker konnten bislang kaum zugängliche Quellen intensiv nutzen. Während Deutsche Bank und Dresdner Bank Akten ehemaliger Zentral-Abteilungen aus der Zeit vor 1945 übernehmen konnten, blieb die zentrale Überlieferung der Commerzbank weiterhin verschollen. Ein Besuch im Zentralen Staatsarchiv in Potsdam hatte bereits im Februar 1989 ergeben, dass in der Deutschen Demokratischen Republik keine Akten der früheren Berliner Hauptverwaltung mehr vorhanden waren. Immerhin bot wenig später die Staatsbank der DDR an, Schriftgut an die Commerzbank abzugeben. Es handelte sich dabei um Akten und Geschäftsunterlagen der 1945 geschlossenen Commerzbank-Filialen in der Sowjetischen Besatzungszone. Das Material hätte ursprünglich schon zu DDR-Zeiten vernichtet werden sollen, im Zuge der Wende sah die Staatsbank jedoch von einer Kassation ab. Die Unterlagen gelangten 1993/94 zunächst in das Altbank-Archiv der Commerzbank in Berlin. Von dort wurden sie nach der Integration mit der Dresdner Bank nach Frankfurt am Main gebracht.

Durch die Wiedervereinigung öffneten sich erneut Märkte, die westlichen Banken und Unternehmen über 45 Jahre lang weitgehend verschlossen waren. Die Commerzbank hatte das erklärte Ziel, an ihre frühere starke Stellung auf dem Gebiet der neuen Bundesländer anzuknüpfen. In zahlreichen Broschüren und Pressemitteilungen zu Filialeröffnungen steuerte das Historische Archiv Texte und Fotos bei, die die Geschichte der ehemaligen Standorte beschrieben. Die langjährige Tätigkeit der Commerzbank und ihrer Vorgängerinstitute in Ostdeutschland wurde ferner in der Schrift „Zwischen Rostock und Suhl“ thematisiert. Geschichte – als Beleg traditioneller Verbundenheit – unterstützte hier in paradigmatischer Weise das kommunikative und strategische Ziel, Vertrauen zu stärken und den Bekanntheitsgrad der Bank zu erhöhen.

Neben den klassischen Printmedien entstanden im Laufe der neunziger Jahre ganz neue Kommunikationswege. Technische Innovationen wie das World Wide Web haben Form und Art unserer Wahrnehmung tiefgreifend verändert. Wer heute nicht im Internet präsent ist, gilt fast schon als nicht existent. Die Commerzbank startete ihren Internet-Auftritt im Jahr 1997. Das interne COMNET (Intranet) ist 1999 mit dem Anspruch angetreten, sich zu dem führenden Kommunikations- und Informationsmedium der internen Kommunikation zu entwickeln. Täglich greifen bis zu 53.000 Mitarbeiter 400.000-mal auf derzeit 21.000 HTML-Seiten, 55.000 PDF- oder andere Dateien sowie 20.000 Bilder zu, mit steigender Tendenz. Das Historische Archiv hat jeweils den Einstieg der Commerzbank in Internet- und Intranet aktiv begleitet. Die organisatorische Zugehörigkeit zum Bereich Kommunikation erleichtert dabei die Möglichkeiten zum Mitwirken und -gestalten. Dies gilt auch für den neuen Bereich „Social Media", für den das Historische Archiv redaktionelle Beiträge zur Verfügung stellt. Somit ist die Commerzbank-Geschichte in den Medien fest etabliert und auch an den Relaunch-Maßnahmen regelmäßig beteiligt.

Jubiläen sind immer wieder Sternstunden eines Archivs. Das 125-jährige Bestehen der Commerzbank war solch ein klassischer Höhepunkt. So betreute das Historische Archiv maßgeblich Konzeption und Realisierung der Jubiläumsschrift, die nach nur zweijähriger Vorlaufzeit im Februar 1995 unter dem Titel „Die Bank – Dienstleister im Wandel. 125 Jahre Commerzbank" erschien. Hinzu kamen eine englische Kurzfassung sowie eine Version der Festschrift auf einer CD-ROM. Darüber hinaus war das historische Know-how beim Verfassen der Pressemappe und der Vorbereitung des Festaktes in der Alten Oper gefragt.

Nur wenig später stand ein anderes Thema im Mittelpunkt des öffentlichen Interesses. Deutsche Banken mit Geschäftsinteressen in den USA sahen sich am Ende der neunziger Jahre erheblichen historischen Reputationsrisiken ausgesetzt. Es drohten Sammelklagen, die auf die Rolle der Kreditinstitute in der Zeit des Nationalsozialismus abzielten. Die Commerzbank handelte, wie andere deutsche Großbanken, proaktiv. Höchste Priorität hatten die Bemühungen, alle Unterlagen zu ehemaligen jüdischen Kunden zu finden und zu erschließen. Da außerdem bekannt war, dass es keinen geschlossenen Aktenbestand der Commerzbank-Zentrale aus der NS-Zeit gab, musste auf dezentraler Ebene nach einer Ersatzüberlieferung gesucht werden. Gemeinsam mit der Rechts-Abteilung hat das Historische Archiv Quellen aus der Zeit des Nationalsozialismus deutschlandweit in den Niederlassungen der Bank erfasst. Die einschlägige, noch auffindbare Überlieferung wurde in einem Kellerraum in unmittelbarer Nähe der Commerzbank-Zentrale konzentiert. Damit existierte zugleich eine, wenn auch bruchstückhafte Quellenbasis für ein wissenschaftliches Forschungsprojekt, das der damalige Vorstandssprecher Martin Kohlhaussen unter dem Eindruck der Ergebnisse der Unabhängigen Expertenkommission Schweiz – Zweiter Weltkrieg anregte.

Das im Oktober 1998 begonnene Projekt mit dem Namen „Erforschung und Darstellung der Geschichte der Commerzbank von der Gründung im Jahre 1870 bis zur Wiedererstehung als Großbank im Jahre 1958" wurde unter der Leitung von Prof. Dr. Ludolf Herbst vom Institut für Geschichtswissenschaften an der Humboldt-Universität zu Berlin durchgeführt. Im Jahr 2004 erschien die vielbeachtete Publikation „Die Commerzbank und die Juden", die von Ludolf Herbst und Thomas Weihe herausgegeben wurde. Darüber hinaus bereicherten, als Ergebnis der intensiven Forschungstätigkeiten, zahlreiche Examensarbeiten, Dissertationen und Aufsätze in Fachzeitschriften die historischen Kenntnisse über die Commerzbank und das Bankwesen im Untersuchungszeitraum. Bemerkenswert ist in der Rückschau auch, dass die Mitarbeiterinnen und Mitarbeiter des „Commerzbank-Projekts" eine sehr enge Zusammenarbeit mit den Kolleginnen und Kollegen des Projekts „Die Dresdner Bank im Dritten Reich" pflegten. Beide Forschungsteams führten einen intensiven wissenschaftlichen Diskurs und tauschten ihre Erfahrungen in mehreren gemeinsamen Symposien aus.

Untersuchungen der wissenschaftlichen Forschung zu unterstützen und die Fragen einer interessierten, zuweilen durchaus kritischen Öffentlichkeit fundiert zu beantworten, gehört zu den grundlegenden Aufgaben eines Unternehmsarchivs. Es gilt aber auch, die Geschichte des Unternehmens nach innen, zur Stärkung der Corporate Identity, zu vermitteln. So hat das Historische Archiv im Jahr 2006 für den ComWerte-Prozess, einem umfassenden Prozess zur Stärkung der Unternehmenskultur, historisches Wissen zur Verfügung gestellt. Den fünf Werten – Marktorientierung, Leistung, Teamgeist, Respekt/

Partnerschaftlichkeit, Integrität – wurden beispielhaft Phasen aus der Commerzbank-Geschichte zugeordnet. Darüber hinaus konnte das Historische Archiv zur Vorbereitung von Führungskräftetreffen, etwa 2006 auf der Wartburg oder im Deutschen Historischen Museum in Berlin im Dezember 2007, historische Informationen sowie Exponate beisteuern. Ein weiterer Höhepunkt war in der jüngsten Zeit sicherlich auch, dass die Commerzbank-Geschichte Ende 2011 in das elektronische Fortbildungsprogramm der neuen Commerzbank Akademie aufgenommen wurde. Interessierte Commerzbanker können hier im „Lernnugget Geschichte", das zum Modul Basisausbildung Banking gehört, auf spielerische Weise die Vergangenheit der Bank kennenlernen.

Auch die seit November 2012 laufende, integrierte Marken- und Produktkampagne nimmt historische Elemente auf. Dabei stellte der zunächst für interne Zwecke produzierte Film „Meilensteine" das Selbstverständnis der Commerzbank im Kontext der über 140-jährigen Unternehmensgeschichte dar. Kernaussagen des Films bezogen sich auf die Gründung im Jahr 1870 durch hanseatische Kaufleute und Privatbankiers, die mittelständische Kundschaft, die Internationalisierung der Bank, auf den Umgang mit Krisen, auf Selbstkritik und Lernen aus der Geschichte. Der Film erhielt im Juni den renommierten Public-Relations-Filmpreis „Klappe". Dieser Erfolg und das positive interne Feedback veranlassten die Bank sogar, den „Meilensteinfilm" als leicht gekürzten, zweiminütigen Spot an drei Abenden vor der „Tagesschau" zu zeigen.

Die Beispiele zeigen, dass ein Archiv mit einer aktiven historischen Kommunikation dazu beitragen kann, innerhalb des Unternehmens das Bewusstsein einer gemeinsamen Geschichte zu schaffen und auf diese Weise die Identifikation mit dem Unternehmen zu steigern. Dies gelingt vor allem dann, wenn die Vergangenheit den Mitarbeiterinnen und Mitarbeitern anschaulich und emotional näher gebracht wird. Wissenschaftliche und „populäre" Vermittlung der Unternehmensgeschichte schließen sich dabei nicht aus, sondern sind zwei Seiten einer Medaille. Nur quellenkritisches, wissenschaftliches Forschen, das fundiertes Wissen schafft, wie auch das Bewahren originärer Exponate ermöglichen es dem Unternehmensarchivar, die Geschichte eines Unternehmens einem breiteren Kreis zu vermitteln.

Als die Integration von Commerzbank und Dresdner Bank anlief, nahmen auch die beiden Historischen Archive diese Herausforderung

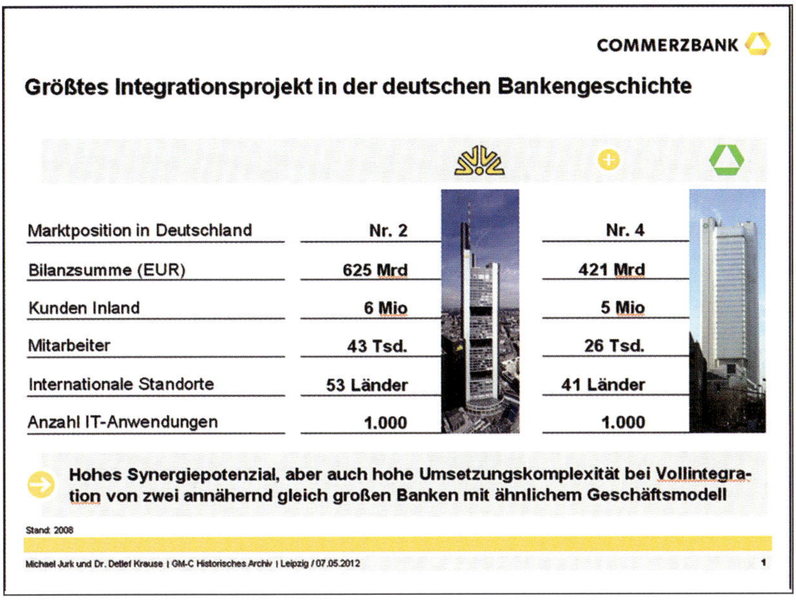

an. Das „Zusammen Wachsen“ fiel den Beteiligten umso leichter, als sich die Mitarbeiter schon seit vielen Jahren persönlich gut kannten. Es ging vor allem darum, sowohl die historische Kommunikation als auch die archivische Grundlagenarbeit zu koordinieren. Noch vor ihrer offiziellen Zuordnung im Rahmen des Integrationsprozesses führten die Archivarinnen und Archivare Anfang 2010 regelmäßige Arbeitssitzungen ein. Bereits 2009 erfolgte ein erster Umzug von Altbank-Akten aus Räumen der Commerzbank in das Magazin des Dresdner Bank-Archivs in Fechenheim, das sich seither zum zentralen Lagerort des Historischen Archivs der „neuen“ Commerzbank entwickelt hat.

Im Commerzbank-Archiv wurde eine modifizierte Version der Datenbank „BIBLIOTHECA“ als Findmittel verwendet. Aufgrund der erheblichen Zahl von Datensätzen wurde entschieden, die Archivdatenbank FAUST von der ehemaligen Dresdner Bank beizubehalten. Nach einer längeren, IT-bedingten Vorlaufphase konnten rund 5.300 Datensätze im April 2011 von BIBLIOTHECA nach FAUST migriert werden. FAUST gehört damit zu den wenigen Applikationen der Dresdner Bank, die von der Commerzbank übernommen worden sind.

Seit dem Frühjahr 2012 sind auch die Büros des Historischen Archivs an einem gemeinsamen Standort vereint. Dabei verließ der „gelbe" Archivar sein Büro in der 45. Etage der Commerzbank-Zentrale – zugegebenermaßen – durchaus mit einigem Bedauern. Der Abschied vom Taunusblick wurde aber durch die praktischen Vorteile mehr als aufgehoben, denn zum einen erleichtert die Bürogemeinschaft die notwendige, tägliche Kommunikation und zum anderen sind die meisten Archivalien nun schneller und besser erreichbar.

Beibehalten wurde die vorhandene Bestandssystematik des Commerzbank-Archivs. Der Aufbau orientiert sich an der historisch-juristischen Entwicklung der Commerzbank. Der Bestand Nr. 1 umfasst beispielsweise die Archivalien der Commerzbank („Altbank") von der Gründung 1870 bis zum Ende des Zweiten Weltkriegs. Unter Bestand Nr. 3 findet sich etwa die Überlieferung der 1856 gegründeten Mitteldeutschen Creditbank, die 1929 in der Commerzbank aufging. Die Akten des Barmer Bank-Vereins, der 1932 übernommen wurde, sind mit der Bestands-Nummer 4 verzeichnet. Unterlagen mit 300er Nummern verweisen auf die Commerzbank-Nachfolgeinstitute, die aufgrund der Dezentralisierungsmaßnahmen in den 1950er Jahren existierten. Die Quellen der heutigen Commerzbank, die 1958 juristisch gesehen als Neugründung entstanden ist, sind unter der Bestands-Nummer 400 archiviert. Angesichts der Bedeutung der jüngsten Bankenfusion und auch infolge des recht beträchtlichen Umfangs firmieren die historischen Unterlagen der Dresdner Bank nun als Bestand Nr. 500 innerhalb des Historischen Archivs der Commerzbank.

Warum ist es wichtig, dass die Überlieferung der Dresdner Bank für die Nachwelt archiviert wird? Die Commerzbank hat mit der Übernahme der Dresdner Bank auch deren Geschichte übernommen. Vergangenheit lässt sich nicht einfach abschütteln. Die Dresdner Bank war unter den deutschen Kreditinstituten über viele Jahrzehnte ein *big player* auf zahlreichen Geschäftsfeldern. Die Geschichte der Dresdner Bank war eng verflochten mit der deutschen Wirtschaftsgeschichte wie auch der politischen Geschichte. Und dies gilt nicht nur die Bankenkrise der 1930er Jahre oder die Zeit des Nationalsozialismus, sondern auch für die Abschnitte davor und danach. Daher bleibt das Interesse der Forschung, der Medien und der Öffentlichkeit, aber auch ehemaliger Kunden an der Dresdner Bank-Geschichte unverändert hoch. Seit der Übernahme sind die Anfragen an das Historische Archiv der Commerzbank um mehr als 125 Prozent gestiegen. Ein großer Teil hiervon betrifft vor allem Anfragen historisch-rechtlicher Art, beispielsweise Vermögensansprüche von Kunden, Eigentumsfragen an Kunstwerken (Provenienzforschung) oder den Komplex der sogenannten „Arisierungen“. Hinzu kommt: Eine Persönlichkeit wie Eugen Gutmann, die Hibernia-Affäre, das Ponto-Auge oder der Drumbo sind nur einige Facetten einer Bankgeschichte, die heute noch die Phantasie anregt und zu Anfragen an das Historische Archiv führt. Ohne Quellen sind Recherchen und Forschungen aber unmöglich. Der Kern der Überlieferung der Dresdner Bank muss deshalb aufgehoben werden. Aber auch praktische Gründe sprechen für einen Erhalt. Dresdner Bank und Commerzbank haben zahlreiche Geschäfte gemeinsam durchgeführt. Ehemalige Führungspersönlichkeiten wie Carl Goetz, Gustav Pilster, Dr. Hanns Deuß oder Günther Ladisch sind für beide Häuser tätig gewesen. Die Quellen der Dresdner Bank geben somit auch Auskunft zur Geschichte der Commerzbank. Die „grünen“ Unterlagen erweitern unser Wissen über die „gelbe“ Bank. Der Commerzbank-Claim „Gemeinsam mehr erreichen“, den die Commerzbank im Zuge der Integration einführte, fand im Historischen Archiv der Commerzbank seine eigene, ganz spezifische Ausprägung.

Die anhaltende Finanzmarktkrise sorgte allerdings dafür, dass die Aussage des neuen Slogans nicht mehr passte. Im November 2012 kehrte die Commerzbank daher zu dem Claim „Die Bank an Ihrer Seite“ zurück, der bereits von 1977 bis 2002 das Selbstverständnis des Instituts ausgedrückt hatte. Wiederum konnte das Historische Archiv als „Gedächtnis“ der Bank eine präzise Datierung über die frühere Laufzeit beisteuern.

Bestandsübersicht des Historischen Archivs der Commerzbank

Bestand	*Laufzeit*	*Bestands-nummer*
I. Bestände aus der Zeit vor 1945		
Commerzbank / Hamburg und Berlin 1870–1920: Commerz- und Disconto-Bank 1920–1940: Commerz- und Privat-Bank	1870–1948	1
Mitteldeutsche Privat-Bank / Magdeburg 1856–1909: Magdeburger Privat-Bank	1856–1920	2
Mitteldeutsche Creditbank / Frankfurt am Main und Berlin	1856–1929	3
Barmer Bank-Verein Hinsberg, Fischer & Comp. / Barmen und Düsseldorf	1867–1932	4
Braunschweigische Bank und Kreditanstalt / Braunschweig	1905–1929	10
Hessischer Bankverein AG / Kassel	1908–1922	11
Mülheimer Bank AG / Mülheim	1889–1918	12
Hansabank AG in Riga / Riga	1941–1945	13
Herforder Disconto-Bank / Herford	1911–1921	14

II. Bestände aus der Zeit von 1945 bis 1958

Bankverein für Württemberg-Baden / Stuttgart	1947–1952	300
Bayerische Disconto-Bank / Nürnberg	1947–1952	301
Bremer Handels-Bank / Bremen	1947–1952	302
Hansa-Bank / Hamburg	1948–1952	303
Holsten-Bank / Kiel	1948–1952	304
Merkur-Bank / Hannover	1948–1952	305
Mitteldeutsche Creditbank / Frankfurt am Main	1947–1952	306
Mittelrheinische Bank / Mainz	1947–1952	307
Commerzbank-Bankverein AG / Düsseldorf 1948–1952: Bankverein Westdeutschland 1952–1956: Bankverein Westdeutschland AG	1948–1958	310
Commerz- und Disconto-Bank AG / Hamburg	1952–1958	311
Commerz- und Credit-Bank AG / Frankfurt am Main	1952–1958	312
Commerzbank AG von 1870 (Altbank)	1949–2008	313

Bestand	*Laufzeit*	*Bestands-nummer*
III. Bestände aus der Zeit nach 1958		
Commerzbank AG / Frankfurt am Main	1958–2013	400
Berliner Commerzbank AG / Berlin	1949–1992	401
von der Heydt-Kersten & Söhne / Wuppertal-Elberfeld	1737–1991	402
Commerz-Credit-Bank AG Europartner / Saarbrücken	1974–1994	403
SchmidtBank AG / Hof	1903–2004	404
Dresdner Bank AG / Frankfurt am Main	1957–2009	500

IV. Nachlässe und Sammlungen

Nachlässe, Fotos, Filme, Wertpapiere, Werbeartikel, digitale Medien

Mit dem systematischen Zugriff des Archivs ist immer auch
ein Verlust an historischer Aura verbunden:
Während die ursprünglichen Aufbewahrungsmittel noch
die Entstehungszeit der Dokumente widerspiegeln,
sind die Akten nach Erschließung und Konservierung
wesentlich auf ihren Informationsgehalt reduziert.

Nachwort

Vom Nutzen der Bankarchive für die wirtschaftshistorische Forschung

Dieter Ziegler

Die Unternehmensgeschichte fristete in Deutschland bis zur Wiedervereinigung ein trauriges Dasein. Von einer geschichts*wissenschaftlichen* Disziplin konnte man seit dem Zweiten Weltkrieg bis weit in die 1980er Jahre hinein von wenigen Ausnahmen abgesehen gar nicht sprechen. Für die Bankengeschichte galt dieses beinahe vernichtende Urteil praktisch ausnahmslos. Das hatte durchaus auch etwas mit dem Kalten Krieg zu tun. Ein Großteil der Aktenbestände der deutschen Banken war nach dem Krieg auf dem Territorium der SBZ verblieben, so dass eine Einsichtnahme in diese Akten durch westliche, aber in der Regel auch durch osteuropäische Historiker praktisch ausgeschlossen war. Recherchen führten in den Staatsarchiven der DDR und im sogenannten Moskauer Sonderarchiv fast ausschließlich die Staatssicherheit oder andere osteuropäische bzw. sowjetische Geheimdienste durch, die ausnahmslos das Material für Kampagnen gegen westdeutsche Politiker oder Industrielle verwendeten.

In der Bundesrepublik sah die Situation kaum besser aus. Nur wenige Unternehmen hatten historische Archive eingerichtet und für die Forschung zugänglich gemacht. Das galt von wenigen Ausnahmen abgesehen für Sparkassen und Genossenschaftsbanken, aber auch für die Großbanken, von denen nur die Deutsche Bank über ein theoretisch für außenstehende Forscher benutzbares historisches Archiv verfügte, das in der Praxis aber kaum zugänglich war. Nach welchen Kriterien die Bank eine Benutzungsgenehmigung erteilte, war für Außenstehende nicht transparent. Ein wesentlicher Grund dafür, dass die Großbanken eine restriktivere Zugangspraxis besaßen als der Durchschnitt der (Groß-)Unternehmen der Industrie war vermutlich der Umgang der Alliierten mit dem deutschen Bankwesen und ihren führenden Repräsentanten nach dem Zweiten Weltkrieg. Obwohl es auch in der Großindustrie, namentlich in der Schwerindustrie des Ruhrgebiets, zu Entflechtungsmaßnahmen kam und bei den Nürnberger Nachfolgeprozessen mehr Industrielle als Bankenvertreter angeklagt und verurteilt wurden, saß der Stachel der als übergriffig empfundenen Entflechtungsvorschriften tiefer als bei anderen Branchen. Nach dem Krieg waren zahlreiche Großbankenvertreter meist durch die US-Besatzungsbehörden verhaftet worden und anschließend über Monate interniert gewesen. Niemand wusste, wie viele der Internierten mit einer Anklage rechnen mussten und ob sie jemals wieder in ihre alte Position zurückkehren konnten. Entsprechend zurückhaltend verhielten sie sich bei den Verhören, die zwar aus heutiger Sicht viel über den Umgang der westdeutschen Gesellschaft mit den Verbrechen des Nationalsozialismus aussagen, für die Geschichte der Großbanken im Dritten Reich aber weitgehend wertlos sind.

Wegen der völlig offenen Zukunft der Internierten und des Bankensystems im Allgemeinen sowie der Großbanken im Besonderen waren gleichzeitig ganze Stäbe von Rechtsanwälten damit beschäftigt Verteidigungsschriften vorzubereiten. Mit anderen Worten: Nach dem Krieg hatten sich die Banken intensiv mit ihrer NS-Vergangenheit auseinandersetzen müssen, aber nicht im Sinne einer Aufarbeitung des Bankgeschäftes unter den Bedingungen der Diktatur, sondern nur als Verteidigungsstrategie gegen eine mögliche Anklage. Dabei war der deutschen Seite klar, dass diese Anklage auf den Berichten fußen würde, die das Office of Military Government for Germany (U.S.) (OMGUS) aufgrund einer hastig zusammengestellten Sammlung interner Akten der Großbanken vorgelegt hatte. An vielen Punkten dieser OMGUS-Berichte fiel es den Anwälten leicht, die Vorwürfe zu entkräften. Aber mindestens ebenso häufig bestand die Verteidigungsstrategie auch aus Leugnen und Verharmlosen oder daraus, die Verantwortung auf Partei und Staat abzuschieben. Nachdem mit Ausnahme eines Sündenbocks, Karl Rasche von der Dresdner Bank, kein anderer Repräsentant der Großbanken in Nürnberg angeklagt und verurteilt worden war, ja fast alle übrigen sogar – sofern sie aufgrund ihres Alters nicht daran gehindert waren – spätestens zu Beginn der 1950er Jahre in eine Führungsposition der ausgegründeten Nachfolgebanken zurückgekehrt waren, wurden die Akten nicht nur geschlossen, sondern ihr Inhalt auch möglichst aus dem kollektiven Gedächtnis der Unternehmen getilgt. Für mindestens zwei folgende Managergenerationen verblieben die Akten aus der NS-Zeit unter Verschluss, und ob sich daran ohne die Beendigung des Kalten Krieges etwas geändert hätte, ist zumindest nicht sicher.

Sehr häufig wurde seinerzeit das Bankgeheimnis als ein wesentlicher Grund angeführt, weswegen es nicht zum Unternehmen selber gehörenden Forschern nicht gestattet war, unternehmensinterne Quellen einzusehen. Obwohl es auch aus der Sicht eines an einer staatlichen Universität beschäftigten Hochschullehrers nachvollziehbar ist, dass Bankarchive den Zugang restriktiver handhaben als die öffentliche Verwaltung oder auch Unternehmen des Handels oder der verarbeitenden Industrie, war dieses Argument als Begründung für den praktisch vollständigen Ausschluss der wissenschaftlichen Forschung sicherlich in erster Linie ein vorgeschobenes. Denn in anderen Ländern, namentlich in Großbritannien, war es schon seit längerem nichts Außergewöhnliches mehr, dass sich ein Bankarchiv der wissenschaftlichen Forschung öffnete. Bei den Publikationen handelte es sich oftmals zwar auch um die Ergebnisse von Auftragsforschung, aber diese Ergebnisse wiesen in der Regel dennoch ein hohes wissenschaftliches Niveau auf. Das gilt etwa für die Arbeiten von John Clapham oder Richard Sayers über die Bank of England oder Sayers' Geschichte der Lloyds Bank.[1]

Zu dieser Zeit erschienen in Deutschland fast nur Festschriften. Diese waren meistens von Angehörigen des Unternehmens oder von Journalisten verfasst worden waren, die entweder (im Falle der Journalisten) nur ein geringes Interesse daran hatten, auch noch die letzte verstaubte Akte in den Katakomben der Registraturen zu sichten oder deren Loyalität als Mitarbeiter so verstanden wurde, dass nur die Episoden der Unternehmensgeschichte erzählt wurden, die ein positives Licht auf die Altvorderen warf. Leider hat sich die von Geschichtswissenschaftlern verfasste Festschriftenliteratur in ihrer wissenschaftlichen Qualität nicht entscheidend positiv von einer solchen am Unternehmensimage orientierten Auftragsforschung unterschieden. Insofern verwundert es auch nicht, wenn die OMGUS-Berichte über die Deutsche Bank und die Dresdner Bank in den 1980er Jahren, jeweils mit einem Kommentar versehen, publiziert wurden und weiterhin nicht nur als die einzig kritische, sondern auch als die zuverlässigste Darstellung der Geschichte der Großbanken im Dritten Reich galten.

Wie die erwähnten britischen Beispiele zeigen, muss Auftragsforschung aber nicht grundsätzlich einen unwissenschaftlichen, womöglich gar von den Marketinginteressen des Unternehmens bestimmten Charakter besitzen. Das kommt ganz auf die Gestaltung des Vertrages und die darin garantierte Unabhängigkeit der Forschung an. Dazu gehört auch die Möglichkeit für andere Forscher zu einem späteren

Zeitpunkt die benutzten Quellen einsehen zu können, um auf diese Weise die Quelleninterpretation der Auftragsforschung zu überprüfen. Das aber setzt voraus, dass die bearbeiteten Akten nach der Benutzung durch den Auftragnehmer für die Festschrift nicht wieder in einem Aktendepot verschwinden.

Bis in die 1970er Jahre hatten in Deutschland nur wenige Unternehmen ein für unabhängige Forscher benutzbares historisches Archiv. Die meisten Wirtschaftshistoriker hatten deswegen keinerlei Vorstellung, wie umfangreich die Aktenüberlieferung bei den einzelnen Unternehmen tatsächlich war. Allerdings gingen fast alle davon aus, dass die Unternehmen selber wussten, wie viele Akten sie besaßen und vor allem, warum gerade diese Akten aufbewahrt wurden und andere nicht. Natürlich musste man von einem gewissen Grad von Zufälligkeit ausgehen, weil kaum eine Unternehmenszentrale im Zweiten Weltkrieg von Bombenangriffen verschont geblieben war; es schien daher naheliegend, dass in erheblichem Umfang Akten vernichtet worden waren. Außerdem befanden sich zahlreiche Unternehmenszentralen im Ostteil Berlins oder in der SBZ, so dass man vermuten konnte, dass Aktenbestände von erheblichem Umfang zwar existierten, aber bis zur Überwindung der Teilung Europas nicht für die (westliche) Forschung zur Verfügung standen.

Die zugänglichen Archive ließen aber erwarten, dass auch die anderen Unternehmen durchaus über umfangreiche Aktenbestände verfügten, was aber nicht nur außerhalb, sondern in manchen Fällen auch innerhalb des jeweiligen Unternehmens weitgehend unbekannt war. Das galt ganz besonders für die Banken mit ihren sogenannten Altbankbeständen. Diese Archive erfüllten bis in die 1980er Jahre durchaus noch Funktionen für den Geschäftsbetrieb, die dort beschäftigten Mitarbeiter besaßen aber oftmals kaum andere Hilfsmittel als ihre im Kopf gespeicherten Aktenkenntnisse, die ihnen halfen, bestimmte Vorgänge zu finden und ggf. auszuwerten. Eine Ausbildung im Archivwesen im weitesten Sinne besaßen sie nicht und so verwundert es auch nicht, dass in diesen Altbankarchiven oftmals der Provenienzzusammenhang der Akten durch die Bildung von Pertinenzen gestört wurde, indem die Archivmitarbeiter etwa Schriftwechsel aus ihrem Entstehungskontext herausnahmen und unter Sachgesichtspunkten wieder zusammenstellten. Das führte dann manchmal dazu, dass mit Blick auf die NS-Zeit eine Art „Giftschrank“ angelegt wurde, der vermutlich nur dem Leiter des Altbankarchivs zugänglich war.

Unter diesen Umständen wundert es nicht, dass abgesehen von den Archivmitarbeitern innerhalb der Unternehmen niemand eine Vorstellung davon hatte, was in ihrem Altbankarchiv zu finden war. Seit den späten 1990er Jahren haben viele Unternehmen, darunter auch die Großbanken mit ihren Altbankarchiven, sehr viel Geld investiert, um sich ihres im Dornröschenschlaf befindlichen historischen Gedächtnisses wieder bewusst zu werden. Bei einem dezentral arbeitenden Unternehmen wie den ehemaligen Filialgroßbanken, deren Belegschaften zu weit über 50% nicht in der Unternehmenszentrale in Berlin arbeiteten, sondern über das gesamte Reichsgebiet und an einigen ausgewählten Orten im Ausland verteilt waren, stellen die Unterlagen der Zentrale nur einen Ausschnitt der Gesamtüberlieferung dar. Gerade solche Filialen, die in den 1990er Jahren ihre Geschäftsräume noch in demselben Gebäude hatten wie in der unmittelbaren Nachkriegszeit, verfügten häufig über einen weitgehend vergessenen Aktenbestand aus der „Reichsmarkzeit“ in ihren Kellerräumen. Diesen Aktenbestand konservatorisch zu sichern und inhaltlich zu erschließen, stellte in dieser Zeit eine gewaltige (und vermutlich auch sehr kostspielige) Aufgabe dar.

Die zahlreichen Unternehmensgeschichten über die Jahre der nationalsozialistischen Herrschaft, die seit den späten 1990er Jahren in großer Zahl in Auftragsarbeit entstanden waren, bilden nur den Endpunkt eines neuen Umgangs mit dem historischen Gedächtnis.

Der Verfasser (zweiter von rechts) mit Teilnehmern seines Oberseminars in der Bibliothek des Historischen Archivs (Juni 2011).

Denn wer über mehrere Kilometer weitgehend unverzeichnete Aktenbestände verfügt, kann nicht einfach einigen Unternehmenshistorikern diese Aktenbestände durch das Öffnen der Türen zu den Aktendepots zugänglich machen und glauben, nach einer überschaubaren Zeit eine Geschichte des Unternehmens vorgelegt zu bekommen. Zur Benutzbarkeit eines Archivs durch Historiker gehört auch die Erschließung durch eine systematische Aktenverzeichnung. Wie sonst sollte ein Forscher, der sich für das Schicksal der jüdischen Angestellten eines Unternehmens im Dritten Reich interessiert, die jüdischen Angestellten unter tausenden überlieferten Personalakten aus den dreißiger und vierziger Jahren identifizieren?

Als Autor eines Aufsatzes über die jüdischen Angestellten der Dresdner Bank[2], der gut ein Jahr nach der Aufnahme der Recherche im Altbankarchiv der Dresdner Bank publiziert wurde, konnte ich nur auf solche Personalakten zurückgreifen, bei denen es aufgrund des Namens wahrscheinlich war, dass es sich um einen Angestellten jüdischer Herkunft handelte. Tatsächlich wurde ich unter „C" und unter „K" wie Cohn bzw. Kohn auch fündig. Aber selbstverständlich gab es auch jüdische Angestellte, die den Namen Meyer führten und deshalb zunächst auch nicht ermittelt werden konnten. Tatsächlich beruhte der genannte Aufsatz auf der Quellenbasis von nur wenigen

Den Personalakten entnommene Auswahl von Portraits jüdischer Angestellter der Dresdner Bank.

Dutzend Personalakten. Zwischenzeitlich hatte die Dresdner Bank aber erkannt, dass sie ihr Altbankarchiv mit ihrem wertvollen Aktenbestand in ein modernes historisches Unternehmensarchiv überführen musste. Damals engagierte sie mit Michael Jurk einen erfahrenen Unternehmensarchivar und übertrug ihm diese Aufgabe. Darüber hinaus wurde das Archiv personell verstärkt, um ihn bei dieser Aufgabe zu unterstützen. Sehr schnell erschloss dieser Mitarbeiterstab knapp 12.000 Personalakten. Heute wissen wir deshalb, dass die Personalabteilung der Dresdner Bank nicht nur zwei Dutzend Akten von Personen überliefert hat, die aus „rassischen" Gründen während des Dritten Reichs diskriminiert und verfolgt wurden, sondern knapp 300. Es ist nicht schwer sich vorzustellen, dass allein diese Erschließungsmaßnahme einen erheblichen zeitlichen und finanziellen Aufwand bedeutet hat – aber es hat sich gelohnt. Durch die in den Personalakten erhaltenen Bewerbungsfotos konnte eine Kollage jüdischer Mitarbeiterinnen und Mitarbeiter sowie jüdischer Betriebsrentner zusammengestellt werden, die wie kein anderes Dokument die heutigen Mitarbeiter der Bank in den unternehmensinternen Präsentationen der Forschungsergebnisse beeindruckt hat. Eine Sache ist es, die Zahl der ermordeten oder ins Exil geretteten Kollegen in einer Tabelle zu lesen. Etwas anderes ist es aber, die Gesichter einiger dieser Kollegen zu sehen, die abgesehen von der Mode der Zeit genauso aussehen wie die heutigen Angestellten.

Natürlich enthielten die Altbankbestände auch viele Kilometer Unterlagen mit Kopien von Schecks und Überweisungsträgern ohne jeden Wert für die historische Forschung – sie wurden nach sorgfältiger Durchsicht in der Zwischenzeit vernichtet. Aber es sind immer noch viele Kilometer Akten der ehemaligen Dresdner Bank im historischen Archiv der Commerzbank verwahrt, denen das Land Hessen in der Zwischenzeit den Status eines nationalen Kulturgutes zuerkannt hat. Die Commerzbank, deren eigenes Altbankarchiv leider in den achtziger Jahren teilweise vernichtet wurde, verfügt damit über einen Besitz, dessen materieller Wert vermutlich die Investitionen, die Dresdner Bank und Commerzbank in seine Erschließung gesteckt haben, nicht erreichen wird. Aber der ideelle Wert dieses Schatzes ist gewaltig.

Das historische Archiv der Commerzbank, das nach der Fusion mit dem Archiv der Dresdner Bank einen deutlichen Bestandszuwachs hatte verzeichnen können, hat sich nach Abschluss der Forschungsprojekte zur Geschichte der beiden Banken im Dritten Reich verstärkt der Sicherung der Aktenüberlieferung der Nachkriegszeit bis in die Gegenwart gewidmet. Auch diese Bestände stehen, soweit der berechtigte Schutz des Bankgeheimnisses nicht dagegensteht, mittlerweile für die unabhängige Forschung offen. Die bereits erschienenen Monographien über Ernst Matthiensen und Jürgen Ponto, die nicht nur Unternehmerbiographien, sondern auch eine Geschichte der Dresdner Bank in den 1960er und 1970er Jahren darstellen, haben den Wert der Bestände aus dem Historischen Archiv der Dresdner Bank für die bankhistorische Forschung bereits unter Beweis gestellt. Auch die Deutsche Bank verfolgt mittlerweile eine solche Politik der relativen Offenheit ihrer Bestände, wie ein laufendes Forschungsprojekt zu Alfred Herrhausen, das wesentlich auf bankinternen Quellen basiert, beweist.

Der Aufbau des Historischen Archivs der Dresdner Bank aus einem weitgehend unerschlossenen Wust von über zehn laufenden Kilometern Akten ist in erster Linie das Verdienst des ersten Archivars der Dresdner Bank mit einer Zuständigkeit für die gesamte, bis 1999 verstreut aufbewahrte historische Aktenüberlieferung. Er ist das Verdienst von Michael Jurk, diese Lebensleistung während nur etwa eines halben Berufslebens bewältigt zu haben. Als Hochschullehrer und Bankenhistoriker kann ich nur hoffen, dass das zusammengeführte Historische Archiv der neuen Commerzbank auch weiterhin von zahlreichen Forschern aufgesucht wird und in einem Zustand erhalten bleibt, damit das historische Gedächtnis des Unternehmens nicht wieder in einen Dornröschenschlaf verfällt, aus dem es irgendwann erweckt werden muss und man dann wie Ende der 1990er Jahre erneut feststellt, dass viele wichtige Bestände unwiederbringlich verloren sind.

Anmerkungen

1 John Clapham, The Bank of England, 2 Bde., Cambridge 1944; Richard S. Sayers, Lloyds Bank in the History of English Banking, Oxford 1957; Richard S. Sayers, The Bank of England 1891–1944, 3 Bde., Cambridge 1976.

2 Dieter Ziegler, Die Verdrängung der Juden aus der Dresdner Bank 1933–1938, in Vierteljahrshefte für Zeitgeschichte, 47. Jg. (1999), H. 2, S. 187-216.

Autoren

Prof. Dr. Johannes Bähr

Studium der Geschichte und Politischen Wissenschaften in Freiburg i.Br. und München. Promotion zum Dr. phil. 1986, danach Wissenschaftlicher Assistent an der Freien Universität Berlin 1994–1998. Habilitation für Wirtschafts- und Sozialgeschichte 1998.
Privatdozent an der Freien Universität Berlin und Bearbeiter von Forschungsprojekten, u.a. am Hannah-Arendt-Institut in Dresden, am Max-Planck-Institut für Europäische Rechtsgeschichte in Frankfurt am Main und am Institut für Zeitgeschichte in München.
Seit 2009 Privatdozent an der Goethe-Universität Frankfurt am Main. Zahlreiche Buchveröffentlichungen zur Wirtschafts- und Unternehmensgeschichte.

Dr. Andreas Graul

Studium der Geschichte und Germanistik in Leipzig und der Archivwissenschaften in Berlin. Er promovierte über die Entwicklung des Bankwesens in Sachsen und ist Verfasser zahlreicher Schriften zur sächsischen Bank- und Wirtschaftsgeschichte. Seit 2005 ist er als Archivar im Historischen Archiv der Dresdner Bank tätig, seit 2009 in derselben Funktion im Historischen Archiv der Commerzbank.

Michael Jurk, M.A.

Studium der Geschichte, Politikwissenschaft und Publizistik in Mainz und Frankfurt am Main. Ab 1988 Aufbau und Leitung des Unternehmensarchivs der Axel Springer Verlag AG, seit 1999 in gleicher Funktion bei der Dresdner Bank AG, ab 2008 Commerzbank AG. Vorsitzender der Vereinigung deutscher Wirtschaftsarchivare e.V., Vorstandsvorsitzender der Eugen-Gutmann-Gesellschaft e.V.

Dr. Detlef Krause

Studium der Geschichte und Sozialwissenschaften in Düsseldorf. Er befasst sich seit langen Jahren mit der Geschichte der Commerzbank, u.a. in seiner 2004 erschienenen Dissertation „Die Commerz- und Disconto-Bank 1870–1920 / 23. Bankgeschichte als Systemgeschichte.“ Er ist der Leiter des Historischen Archivs der Commerzbank und stellvertretender Vorsitzender der Eugen-Gutmann-Gesellschaft e.V.

Dr. Matthias Kretschmer
Studium der Kommunikationswissenschaften, Geschichte und Politikwissenschaften in Münster. Schwerpunkt: Kommunikationsgeschichte und Visuelle Kommunikation. Er leitete als Archivar zwischen 1999 und 2013 den Sammlungsbereich des Historischen Archivs der Dresdner Bank, ab 2009 für die Commerzbank. Seit 2014 arbeitet er als Pressereferent für die Commerzbank im Ruhrgebiet.

Cornelia Kruppik, M.A.
Studium der Germanistik, Geschichte und Publizistik in Münster. Seit dem Jahr 2000 Archivarin im Historischen Archiv der Dresdner Bank AG, seit deren Übernahme 2009 in gleicher Funktion in der Commerzbank AG.

Dr. Katrin Lege
Studium der Geschichte und Germanistik in Salzburg, Passau und München. 2000 bis 2002 Lektoratstätigkeit für den Verlag C.H. Beck, 2002 bis 2004 selbständige Lektorin, 2004 bis 2006 Mitarbeit in den Unternehmensarchiven der Dresdner Bank und der DekaBank. Seit 2006 Geschäftsführerin der Eugen-Gutmann-Gesellschaft e.V. in Frankfurt am Main.

Wolfgang Richter M. A.
Studium der Geschichte, Volkswirtschaftslehre und Psychologie an der Universität Hamburg. Tätigkeiten in diversen kommunalen und Unternehmensarchiven, u. a. der Schwartauer Werke in Bad Schwartau und der Hamburg-Mannheimer Versicherung in Hamburg. 1999 bis 2005 Archivar im Historischen Archiv der Dresdner Bank AG, seit 2006 Leiter des Unternehmensarchivs der Deutschen Telekom AG in Bonn.

Dr. Manfred Schaudwet
Studium der Rechtswissenschaften und Promotion an der Freien Universität Berlin; dort wissenschaftlicher Assistent. 1968 bis 2001 verschiedene Funktionen im Dresdner Bank-Konzern (u.a. Syndikus, Geschäftsführer Deutscher Investment Trust), zuletzt Generalbevollmächtigter und Leiter des Generalsekretariats der Bank. Seit 2004 Vorstandsmitglied der Jürgen Ponto-Stiftung zur Förderung junger Künstler. Rechtsanwalt.

Dr. Harald Wixforth

Studium der Geschichtswissenschaft, Slawistik und Volkswirtschaft in Bielefeld. Geschäftsführer der Gesellschaft für mitteleuropäische Banken- und Sparkassengeschichte in Bielefeld und wissenschaftlicher Mitarbeiter am Lehrstuhl für Wirtschafts- und Sozialgeschichte der Ruhr-Universität Bochum. Lehrbeauftragter an der Universität Bremen. Veröffentlichungen insbesondere auf dem Gebiet der Bankengeschichte.

Prof. Dr. Dieter Ziegler

Studium der Geschichtswissenschaft, Germanistik und Soziologie an der Universität Bielefeld. Promotion am Europäischen Hochschulinstitut in Florenz/Italien. Habilitation an der Universität Bielefeld. Von 1999 bis 2003 wissenschaftlicher Mitarbeiter des Forschungsprojektes zur Geschichte der Dresdner Bank im Dritten Reich. Seit 2003 Inhaber des Lehrstuhls für Wirtschafts- und Unternehmensgeschichte an der Ruhr-Universität Bochum. Veröffentlichungen zur Geld- und Bankengeschichte Deutschlands und Englands sowie zur wirtschaftlichen Verfolgung der Juden im Dritten Reich.

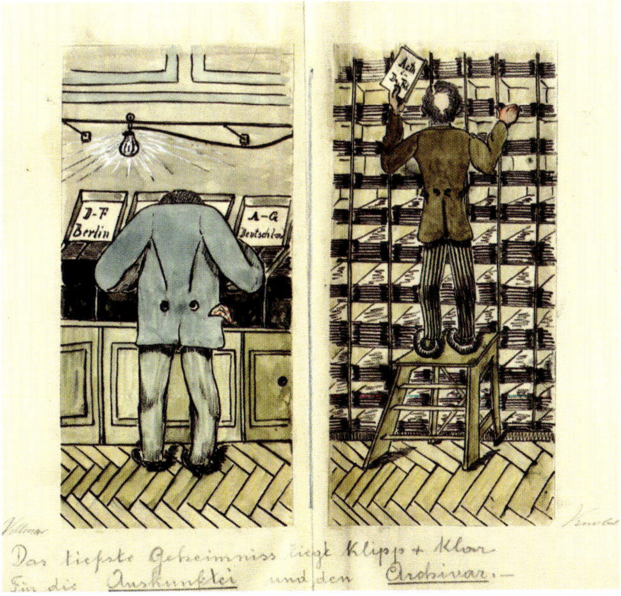

„Das tiefste Geheimnis liegt klipp und klar für die Auskunftei und den Archivar." Karikatur aus der Bierzeitung eines Berliner Bankmitarbeiters (um 1900)

Bildnachweis

Dieter Linhardt, Berlin S. 12
Privatsammlung, Berlin S. 22
Die Fotografien auf S. 2, 10, 36, 69, 78, 92, 116, 124, 127, 131, 137 (unten), 140 und 166 stammem von Alex Kraus, Frankfurt am Main.
Alle weiteren Abbildungen stammen aus dem Historischen Archiv der Commerzbank.

Bei einigen Bildern konnten die Inhaber der Rechte nicht ermittelt werden.
Berechtigte Ansprüche werden selbstverständlich, nach marktgültigen Tarifen, abgegolten.

Die Vignetten auf den S. 178-180 hat der Karikaturist und Werbegrafiker Gerhard Brinkmann (1913–1990) in den 1960er Jahren für Werbedrucksachen der Dresdner Bank entworfen.

Bildrecherche: Dr. Katrin Lege, Dr. Matthias Kretschmer

Herausgeber

Eugen-Gutmann-Gesellschaft e.V.
Vorstandsvorsitzender: Michael Jurk
Vorsitzender des Kuratoriums: Dr. Wolfgang Röller
Sitz: Dresden
Geschäftsstelle: Moselstraße 4, 60329 Frankfurt am Main
Telefon: 069 / 136 – 8 32 68, Fax: 069 / 136 – 8 32 66
E-Mail: egg@commerzbank.com
Homepage: www.eugen-gutmann-gesellschaft.de

Lektorat und Redaktion:
Michael Jurk, Hamburg und Dr. Katrin Lege, Frankfurt am Main
Umschlaggestaltung: Andreas Brylka, Hamburg
Titelillustration: Frederik Jurk, Hamburg

Satz: berndtstein | grafikdesign, Radebeul
Druck und buchbinderische Verarbeitung: Hubert & Co., Göttingen

Printed in Germany.

ISBN 978-3-9812511-7-3

DRESDNER BANK

Notizen

Notizen